KAREN MEYER-REBENTISCH

BUNT UND EXOTISCH

GEMÜSEGÄRTNERN FÜR NEUGIERIGE

KOSMOS

4 Lust auf bunt, frisch & exotisch

6 Erfolgreich anbauen – Grundlagen

8 Klimawandel im Garten – ein Vorteil für Exoten?

10 **DIY:** Pflanzen selber vorziehen

14 Direkt ins Beet säen oder auspflanzen?

16 Wohlfühlklima für Ihre Pflanzen

18 Pflege für gesunde Böden

22 Ein Hochbeet macht warme Füße

24 Gemüse auf Balkon & Terrasse

27 Pflanzen kombinieren

30 Gesunde Pflanzen

31 **DIY:** Schnecken – Hilfe gegen den größten Feind im Beet

INHALT

32 Fruchtgemüse
34 Artischocke und Karde
36 Aubergine
40 Stangenbohne
43 Erbse
45 Gurke
50 Inkagurke
52 Mexikanische Minigurke
54 Okra
56 Paprika und Chili
62 Physalis
66 Tomate

72 Blattgemüse
74 Amarant
76 Baumspinat
78 Hirschhornwegerich
80 Bunter Mangold
83 Neuseeländer Spinat
86 Okinawa-Spinat
88 Radicchio
90 Salzkraut

92 Kohlgemüse
94 Asia-Kohl und -Salate
98 Palmkohl
100 Sprouting Brokkoli

102 Knollengemüse
104 Erdmandel
106 Bunte Kartoffeln
112 Knollenziest
114 Oca
116 Süßkartoffel
121 **DIY:** Süßkartoffeln selbst vorziehen
122 Yacon

124 Service
125 Register

Lust auf bunt, frisch & exotisch

Von Karen Meyer-Rebentisch

Vor 15 Jahren wagte sich meine Familie an ein Abenteuer, das für uns bis dahin der Inbegriff von Spießigkeit war: Wir pachteten einen Kleingarten, um Gemüse anzubauen. Es dauerte nicht lange, bis es uns gelang, den Gemüsebedarf von Juni bis November fast ausschließlich aus eigenem Anbau zu decken. Das machte Spaß und senkte deutlich die Kosten beim Einkauf im Bioladen.

Mittlerweile ist die Familienzeit vorbei und zwei 5-Meter-Reihen mit Möhren, 50 kg Zucchini sowie zwei Zentner Kartoffeln brauche ich nicht mehr. Also habe ich mich wieder verkleinert und baue nun mein Gemüse in zwei großen Hochbeeten und einigen Kübeln auf Balkon und Terrasse an. Umso mehr Spaß habe ich dabei, den Platz für die Kultur von Sorten zu nutzen, die besonders hübsch, schmackhaft oder im Handel kaum erhältlich sind. Zugegeben: Bunte Tomaten erobern mittlerweile auch die Gemüseabteilung der Discounter und Süßkartoffeln sind heute ebenso Standard. Aber wer hat schon mal von Yacon, Palmkohl, Oca oder mexikanischen Minigurken gehört? Bestenfalls auf dem Münchner Viktualienmarkt gibt es Knollenziest oder Salzkraut zu kaufen – in meinem Garten wächst es! Ich liebe es zu experimentieren und bepflanze zugleich etwa die Hälfte des vorhandenen Platzes mit bewährten Gemüsearten.

In diesem Buch werde ich Ihnen mehr als zwei Dutzend Gemüsearten vorstellen, die auf die eine oder andere Weise etwas Besonderes sind: Weil sie exotisch sind, weil es eine enorme Sortenvielfalt gibt oder weil sie weitgehend unbekannt sind. Jedes einzelne der Gemüse habe ich bereits selbst angebaut – außer der Okra. Versucht habe ich auch das, aber es funktioniert bei mir in Norddeutschland (Lübeck) einfach nicht, da muss man realistisch sein oder wie man hierzulande sagt „nutzt ja nichts“. Besonders wärmeliebende Pflanzen reifen im Weinbauklima einfach besser, dafür mögen viele Kohlgewächse und die meisten Salate lieber das frischere Klima im Norden Deutschlands.

Aber es geht viel mehr als man denkt, und ich kann Ihnen nur Mut zum Ausprobieren machen. In dem einen Jahr gelingt das eine besser, im nächsten etwas anderes. Und ich bin sicher, auch Sie werden Ihre bunten Favoriten finden, die Sie zukünftig nicht mehr missen möchten.

Viel Spaß dabei wünsche ich!

RADICCHIO

ERFOLGREICH ANBAUEN — GRUNDLAGEN

Klimawandel im Garten – ein Vorteil für Exoten?

Der Klimawandel ist in vollem Gange. In einigen Teilen der Erde haben Witterungsextreme bereits dazu geführt, dass Ernteerträge sinken. Zugleich gibt es auch regionale Entwicklungen, die zu einer Änderung des traditionellen Anbauspektrums führen.

ES WIRD WÄRMER

So verschiebt sich die Obstbaumblüte in Deutschland etwa um zwei Wochen nach vorne – damit entsteht eine höhere Anfälligkeit für Spätfröste, aber es können auch Sorten kultiviert werden, die bislang hierzulande nicht ausreifen konnten. In Norddeutschland sind in den letzten Jahrzehnten einige Weinbauanlagen entstanden. Und auch der Mais wird mittlerweile nicht nur südlich von Dortmund angebaut.

PFLANZEN BRAUCHEN HILFE

Für wärmeliebende Pflanzen mag so die Erderwärmung Vorteile bringen, vor allem dann, wenn der Anbau im geschützten Garten und nicht auf dem Acker stattfindet. Denn hier können wir Problemen wie Trockenheit mit regelmäßigem Gießen entgegnen. Bei anderen Extremen, wie beispielsweise Starkregen, ist es allerdings kaum möglich, die Pflanzen zu schützen.

VIELFALT IST NICHTS NEUES

Schon seit Jahrhunderten sind unsere Gemüsegärten ziemlich multikulti. Vielen ist gar nicht bewusst, dass sogar die als urdeutsch geltende Kartoffel ursprünglich aus Südamerika kommt, genauso wie Tomate oder Gartenbohne. Die Gurke stammt aus Mittelasien und Mangold aus dem Mittelmeerraum. Manch ein Gemüse, das uns heute noch exotisch erscheint wie der Yacon oder die Oca wird sich seinen Platz in mitteleuropäischen Gemüsebeeten erobern. Die Anbaustrategien für viele Gemüsearten lassen sich den regionalen Gegebenheiten anpassen. So können besonders wärmeliebende Arten im Haus oder unter Glas vorgezogen werden, bevor man sie auspflanzt.

GLOBALISIERUNG IM GARTEN HAT VOR- UND NACHTEILE

Schon seit Jahrhunderten experimentieren Gärtnerinnen und Landwirte mit Pflanzen aus anderen Gefilden und tragen damit zu einer großen Vielfalt in unserer Esskultur und Ernährungsweise bei. Zum Glück haben wir vor allem Gemüsearten vom amerikanischen Kontinent hier beheimaten können und müssen nicht nur von Hirse, Dicken Bohnen, Erbsen und Möhren leben. Doch mit den neuen Kulturen kommen auch neue Antagonisten hierher – ob es die Krautfäule ist (die im 19. Jahrhundert zu so großen Ernteausfällen in Irland führte,

1

1. Gemüse-Vielfalt im eigenen Garten macht richtig Spaß!

2. Von Tomaten und anderen Fruchtgemüsearten kann man leicht selbst Saatgut entnehmen.

2

dass Millionen Menschen starben) oder aber die Spanische Wegschnecke, der Schrecken fast aller Hausgärtner.
Diese Entwicklung wird durch die Globalisierung noch beschleunigt, für Obstbauer wird derzeit die Kirschessigfliege zum Problem.
Auch die negativen Folgen des Klimawandels werden mögliche regionale Vorteile überwiegen.

VIELFALT FÖRDERN UND SELBST ANBAUEN

Heutzutage können wir hierzulande nun Obst und Gemüse kaufen und genießen, das uns vor wenigen Jahrzehnten noch unbekannt war. Doch wer keinen Wochenmarkt mit heimischen Produzenten vor Ort hat, muss leider viel zu oft im Handel auf (Bio) Ware aus dem Ausland zurückgreifen und hat so meist keine Möglichkeit, regionale Erzeugnisse zu kaufen. Außer man baut sie klimagerecht selbst im eigenen Garten an!
Zugleich hat die Globalisierung zu einer enormen Verarmung der Sortenvielfalt geführt. Wo früher lokale Sorten gezüchtet und erhalten wurden, bauen Erwerbslandwirte immer häufiger das Saatgut multinational agierender Konzerne an.
Experimentierfreudige Gärtnerinnen und Gärtner haben es sich fast überall auf der Welt zur Aufgabe gemacht, dem entgegenzuwirken. Es gibt eine Vielfalt an Vereinen und Tauschbörsen, bei denen Sämereien getauscht oder gegen kleines Geld verkauft werden. Saatguthersteller haben die Lust auf ausgefallene Gemüse entdeckt und haben heute ein größeres Angebot als noch vor zehn Jahren. So ist es heute der Hausgarten, in dem Vielfalt erhalten wird.
Wenn Sie sichergehen und zuverlässige standardisierte Qualität erwerben wollen, sind konventionelle und alternative Saatguthersteller die richtige Adresse. Schauen Sie sich die Hinweise zu Bezugsquellen am Ende dieses Buches an. Wenn Sie aber experimentierfreudig sind und sich gerne mit anderen Gemüsefreundinnen und Gärtnern austauschen möchten, rate ich dazu, ein Garten-Forum oder eine Tauschbörse im Internet zu besuchen.
Und probieren Sie ruhig einmal selbst aus, Samen aus Früchten aus dem eigenen Garten zu erhalten – vor allem bei Fruchtgemüse wie Tomate, Paprika, Chili, Kürbis, Gurke und Bohne ist das ganz einfach. Hinweise dazu finden Sie in den jeweiligen Gemüseporträts ab Seite 32.

PFLANZEN SELBER VORZIEHEN

Vor allem bei seltenen Sorten, die schwer im Handel zu erhalten sind, oder aber, wenn eine große Anzahl Pflanzen benötigt wird, lohnt es sich selbst

1. Pflanzgefäße und Erde

Wenn Sie selbst vorziehen möchten, lohnt es sich, in Anzuchterde zu investieren. Diese ist fein krümmelig, keimfrei und enthält weniger Nährstoffe als normale Pflanzerde.
Ich gebe die Erde in Pflanzschalen aus Kunststoff und säe darin mehrere Gemüsesorten in Reihen aus. Dabei sollte man unbedingt die auf dem Samentütchen angegebene Aussaattiefe berücksichtigen. Falls dies nicht mehr vorhanden ist oder man eigenes Saatgut gesammelt hat, gilt die Faustregel: Das Saatkorn doppelt so dick mit Erde zu bedecken, wie es groß ist. Die einzelnen Saatreihen kennzeichne ich mit kleinen Schildchen, damit ich weiß, wo was wächst. Dazu schneide ich Streifen aus alten Joghurtbechern o. Ä. und beschrifte diese mit wasserfestem Stift. Später werden die kräftigsten Pflanzen ausgewählt und in Einzeltöpfe umgesetzt.
Eine Ausnahme bilden solche Pflanzen, die schnell sehr groß werden wie Gurke oder Kürbis. Diese werden direkt in einzelne Töpfchen mit einem Durchmesser von mindestens 9 cm ausgesät. Hier kann auch normale Blumenerde verwendet werden.

2. Keimtemperatur

Exotische Pflanzen benötigen oft kuschelige Wärme, um ins Leben zu starten. Keimtemperaturen von mehr als den üblichen 20 °C Zimmertemperatur können mit Hilfe einer Heizmatte erreicht werden oder, wenn die Anzuchtbehälter auf einem Heizkörper platziert werden. Die zweite Lösung ist kostengünstiger, weil in der Regel vorhanden. Jedoch sollten Sie unbedingt die Temperatur im Pflanzgefäß messen, bevor Sie den Samen in die Erde stecken, denn mehr als 30 °C ist den meisten Pflanzenbabys dann doch zu viel.

vorzuziehen. Bei manchen Arten ist das leicht und unproblematisch, bei anderen ist einiges an Know-how und Pflege gefragt.

3. Lichtmenge

Gerade beliebte Exoten wie Auberginen und Paprika, aber auch Okra, müssen bereits im Februar ausgesät werden, damit sie bis zum Auspflanzen nach den Eisheiligen ausreichend groß sind. Stehen die Jungpflanzen dann nicht hell genug, „vergeilen“ sie, das heißt sie werden lang und dünn, weil sie sich zum Licht strecken, und wachsen nicht zu kräftigen Jungpflanzen heran. Sie können dem entgegenwirken, wenn Sie einfache Leuchtstoffröhren dicht über die Jungpflanzen hängen und gegebenenfalls noch das Licht mittels einer Abdeckung ausrichten. Ich nehme dazu einen mit Alufolie beklebten Karton.

4. Umpflanzen bzw. Pikieren

Haben die Jungpflänzchen in den Schalen neben den Keimblättern noch ein bis zwei weitere pflanzentypische Blattpaare entwickelt, pikiere ich sie. Das heißt, ich grabe sie mit einem Pikierstab oder einem Teelöffel vorsichtig aus (dazu halte ich sie an einem Blatt fest, nie am Stängel) und setze sie in einzelne Töpfchen, die mit normaler Blumenerde gefüllt sind. Dafür wähle ich die kräftigsten Jungpflanzen aus, die anderen kommen auf den Kompost. Haben die Jungpflanzen sehr lange Wurzeln, kürze ich diese beim Pikieren ein, indem ich sie um ein Drittel abzwicke. Tomaten- und Paprika-Jungpflanzen setze ich beim Pikieren tiefer, als sie vorher standen. Andere Gemüsearten mögen das nicht.

Fortsetzung auf nächster Seite >>

>> Fortsetzung von vorheriger Seite

5. Pflege des Pflanzenkindergartens

Bis zum Keimen sollten Sie die Erde gleichmäßig feucht halten. Ich verwende dazu eine Sprühflasche, damit ich kleine Samenkörner nicht mit einem Wasserschwall wegspüle. Aber passen Sie auf, zu viel Wasser schadet, denn die Saat kann dadurch faulen! Außerdem siedeln sich gerne Trauermücken in zu feuchter Erde an.

6. Jungpflanzen abhärten

Einige Tage vor dem endgültigen Auspflanzen müssen die Pflänzchen, die bis dahin im Haus waren, abgehärtet werden. Nutzen Sie einen warmen Tag, und stellen Sie die Töpfe in den Schatten nach draußen. Denn auch Pflanzen können einen Sonnenbrand bekommen, wenn sie die UV-Strahlung noch nicht gewohnt sind. Abends nehmen Sie die Töpfe wieder herein.
Nach ein paar Tagen können Sie die Pflänzchen an die Sonne gewöhnen und schließlich auch über Nacht draußen lassen, sofern kein Frost angesagt ist.
Meist wird am Ende der Anzuchtphase der Platz auf der Fensterbank zu eng. Ich baue etwa zwei bis drei Wochen vor dem endgültigen Auspflanzen ein Folienfrühbeet auf der Terrasse auf und stelle die Jungpflanzen dort hinein. Ist Nachtfrost angesagt, „heize“ ich mit ein paar Kerzen.

Jungpflanzen, die lange im Haus stehen wie Paprika, Tomaten, Auberginen oder Okra gebe ich acht Wochen nach dem Umpflanzen in Einzeltöpfe eine erste Dosis Flüssigdünger!

7. Ausnahmen für weniger wärmebedürftige Arten wie Salate, Blatt- und Kohlgemüse

Manchen Gemüsearten sind Zimmertemperaturen in der Kinderstube schon zu warm (siehe Tabelle S. 15). Diese können Sie in unbeheizten Räumen, einem Frühbeet oder Gewächshaus aussäen. Wichtig ist nur, dass die Pflanzen genügend Licht bekommen.

Ich verwende hier sogenannte Topfplatten, das sind Tabletts, die für jede Pflanze einen eigenen Standraum vorgesehen haben. Wenn die Pflänzchen größer geworden und schon einen gut entwickelten Wurzelballen haben, kann man sie von unten herausdrücken und direkt an den endgültigen Standort setzen. Der Schritt des Pikierens entfällt dann.

Direkt ins Beet säen oder auspflanzen?

Wenn Sie Gemüse direkt ins Beet aussäen möchten, ist es wichtig, den richtigen Zeitpunkt zu treffen. Zügeln Sie Ihre Geduld, denn wenn Sie zu früh sind, haben Ihre Pflanzen einen schwierigen Start.

1

Wer zu früh dran ist, muss auch damit rechnen, dass die Saat nicht aufläuft oder die Pflanzen sich verzögert entwickeln, was nicht gut für die Qualität ist. Den richtigen Zeitpunkt finden Sie auf dem Saatguttütchen und bei den Porträts ab Seite 32. In einem warmen Frühjahr oder im Weinbaugebiet können Sie etwas eher loslegen. Ist der Boden noch lange kalt und nass, lohnt es sich zu warten.

Dasselbe gilt fürs Auspflanzen und ganz besonders für die wärmeliebenden Arten. Warten Sie lieber bis Mitte oder Ende Mai, bei Auberginen, Okra und Süßkartoffeln darf es je nach Region auch Anfang Juni werden.

DAS BEET FÜR DIE PFLANZEN VORBEREITEN

Ein Gemüsebeet im Freiland bereiten Sie am besten vor, indem Sie die Erde etwa zwei Wochen vor dem Ausbringen der Saat oder der Pflanzen lockern. Wo es nicht unbedingt nötig ist, vermeiden Sie das Umgraben und beschränken Sie sich darauf, mit dem Sauzahn oder einer Pendelhacke durch den Boden zu gehen. Dieser wird dann feinkrümelig geharkt. Wenn Sie Ihr Gemüse in Reihen kultivieren möchten, was die spätere Pflege erleichtert, sollten Sie diese mit Schnüren ziehen und dabei den jeweils hier im Buch oder auf dem Saattütchen angegebenen Pflanzabstand einhalten. Beachten Sie auch die Saattiefe! Beides fördert robuste, kräftige Pflanzen und verhindert Krankheiten. Pflänzchen, die in der Reihe zu eng stehen, können später ausgezogen werden – oft kann man die Minipflanzen dann auch schon als frischen Salat verspeisen, wie beispielsweise die Blätter von Amarant und Mangold.

Nach der Aussaat wird das Beet mit einer Brause gegossen und gleichmäßig feucht gehalten, bis die Jungpflanzen gekeimt sind. Haben Sie gepflanzt, ist es wichtig, die Erde fest an die Wurzeln zu drücken und sie dann mit der Gießkanne einzuschlämmen.

2

1. Asia-Salate wie Mizuna oder Pak Choi können schon an warmen Märztagen ausgesät werden. Im Mai ist eine erste Ernte der zarten Blätter möglich. Man dünnt dabei die Reihen aus, so dass die verbliebenen Pflanzen mehr Platz zum Wachsen haben.

2. Vorgezogene Kohlpflanzen werden in Reihe ausgepflanzt, wenn sie mindestens zwei Blattpaare neben den Keimblättern haben.

ÜBERBLICK: PFLANZEN VORZIEHEN ODER AUSSÄEN

BESSER DRINNEN VORZIEHEN	DRINNEN ODER DRAUSSEN VORZIEHEN	DRAUSSEN VORZIEHEN ODER DIREKT AUSSÄEN
Artischocke	Amarant	Asia-Kohl
Aubergine	Baumspinat	Bohne
Chili	Gurke	Erbse
Karde	Inkagurke	Hirschhornwegerich
Neuseeländer Spinat	Kartoffeln (vorkeimen)	Knollenziest
Okinawa-Spinat	Mexikanische Minigurke	Kohlgemüse
Okra	Salzkraut	Mangold
Paprika	Yacon	Oca
Süßkartoffel		Radicchio
Tomate		
Tomatillo / Physalis		

Noch wachsen Salat und Zwiebeln zwischen den Bohnenstangen – sie werden zuerst geerntet und machen den Platz frei.

Wohlfühlklima für Ihre Pflanzen

Auch wenn Ihr Garten nicht am Mittelmeer liegt, können Sie doch einiges dafür tun, dass wärmeliebende Pflanzen sich bei Ihnen wohlfühlen. Durch die Klimaveränderung können in Kleingärten mittlerweile Sorten angebaut werden, die vor einigen Jahren undenkbar waren.

1

Ein Gewächshaus ist eine besonders gute Lösung, passt aber nicht in jeden Garten und erfordert doch auch erhebliche finanzielle Investitionen, wenn es sich nicht nur um neuwertigen Plastikmüll handeln soll.

FOLIENHÄUSER FÜR MEHR WÄRME

Folienhäuser sind preisgünstiger, dafür gibt es andere Nachteile. Die Folien haben eine begrenzte Lebensdauer, die Wärmeisolierung ist geringer, die „Zelte" lassen sich schlechter belüften, so dass es Probleme mit Kondenswasser gibt. Und ganz ehrlich, hübsch ist so ein Plastikzelt im Garten nun wahrlich nicht.

WARME PLÄTZE IM GARTEN

Doch gibt es einige Möglichkeiten, auch mit einfachen Mitteln den wärmeliebenden Pflanzen ein angenehmes Klima zu verschaffen. Wählen Sie für diese einen vollsonnigen Standort und pflanzen Sie lieber Salate und Kohl in den Halbschatten. Vielleicht haben Sie eine windgeschützte Ecke im Garten? Eine Mauer oder Hauswand nach Süden oder Westen, die Wärme speichern kann? Für das Mikroklima hat das größere Auswirkungen, als man zunächst denkt. Ich ziehe meine Tomaten seit Jahren an einer solchen Wand, die zugleich den meist von Nordwest kommenden Regen abhält – und habe gesunde Pflanzen (ohne Braunfäule).

KURZFRISTIGER KÄLTESCHUTZ MIT VLIES

Oft reicht es auch aus, den Exoten zu Beginn der Saison etwas Kälteschutz zu geben, durch ein Vlies oder eine

2

Folie, die aufgelegt wird. Ab Juli ist das in der Regel nicht mehr nötig. Im Herbst wiederum, wenn erste Nachtfröste drohen, können Sie Süßkartoffel, Yacon oder andere Pflanzen vor dem Erfrierungstod retten, indem Sie sie mit einem doppelten Vlies oder einfach einer alten Wolldecke schützen. Vielleicht kommen noch ein paar schöne Tage und Sie steigern damit Ihre Erträge!
Ich verwende am liebsten Vliese oder auch Kulturschutznetze, da diese einen Luftaustausch ermöglichen und damit ein Hitzestau oder Kondenswasserbildung vermieden wird. Vlies kann direkt aufgelegt werden oder Sie können mit Tunnelbögen einen Abstand zu den Pflanzen herstellen. Anstelle eines Tunnels kann man für das Hochbeet auch einen Holzrahmen bauen.

1. Im Gewächshaus oder unter einem Vliestunnel können Sie früher mit der Kultur beginnen.

2. Eine sonnige Hauswand speichert die Wärme und gibt sie abends an die Pflanzen ab.

3. Das Kulturschutznetz wehrt Fluginsekten ab und schützt auch ein wenig vor Kälte.

4. Die wärmeliebenden Süßkartoffeln gedeihen anfangs besser unter einem Vlies.

3

4

Pflege für gesunde Böden

Für den erfolgreichen Gemüseanbau ist ein gesunder Boden sehr wichtig. Mit der Art, wie Sie Ihren Boden bearbeiten und pflegen, können Sie die vielen kleinen Helferlein wie Regenwurm und Co. im Garten unterstützen.

REGENWÜRMER

Sie sind ein guter Indikator für einen gesunden Boden. Die Tiere lieben organische Abfälle wie Rasenschnitt. Zum Dank lockern sie die Erde in Ihrem Garten.

Eine ganze Zeit können Sie mit rein mineralischer Düngung hohe Erträge erzielen. Doch mittelfristig verlieren Sie auf diese Weise all die winzigen Helferlein im Garten, die Mikroorganismen, die unablässig damit beschäftigt sind, die Erde zu lockern und zu durchlüften. Wer diese „füttert", sorgt für einen gesunden Boden.

WAS BODENLEBEWESEN BRAUCHEN

Organische Düngung – Kompost, Mist, Hornspäne und diverse käufliche Trockenmischungen – wird zunächst von den Bodenlebewesen verwertet. Auf diese Weise werden die enthaltenen Stoffe für die Wurzeln der Pflanzen aufgeschlossen. Das kann je nach Temperatur eine Zeit lang dauern, so dass organische Düngung bei hochakutem Nährstoffbedarf nicht sinnvoll ist. Langfristig aber erhalten Sie sich damit einen gesunden und auch lockeren Boden.
Die Bodenlebewesen lieben es, wenn Sie Ihren Garten mulchen, das heißt feinen Grasschnitt direkt auf die Gemüsebeete geben. Das verhindert auch, dass die Erde zu schnell austrocknet. Nicht zu empfehlen ist dies in Gärten, wo Wühlmäuse aktiv sind. Graben Sie nicht öfter um als unbedingt nötig, damit Sie den Mikrokosmos nicht durcheinanderbringen. Eine oberflächliche Bodenbearbeitung wie Hacken ist schonender für die Kleinstlebewesen.

FRUCHTBARKEIT FÖRDERN: NÄHRSTOFFE FÜR PFLANZEN

Auch bei der Verwendung von organischem Dünger stellt sich die Frage nach der richtigen Menge und dem idealen Zeitpunkt. Leider gibt es keine allgemeingültige Antwort. Leichte Böden müssen stärker gedüngt wer-

1. Denken Sie daran, Ihren Kompost in längeren Trockenphasen leicht zu wässern, sonst stockt der Verrottungsprozess.

2. Die Herstellung von Bokashi bietet sich an, wenn Sie nur wenig Platz im Garten haben – dafür benötigen Sie nur zwei entsprechende Eimer.

den als schwere Böden, bei viel Regen werden Nährstoffe ausgewaschen, verschiedene Kulturen haben unterschiedliche Bedürfnisse.

Regelmäßige Bodenuntersuchung

Machen Sie etwa alle drei Jahre eine Bodenuntersuchung. Dazu schicken Sie eine kleine Probe an eine landwirtschaftliche Untersuchungsanstalt, das kostet zwischen 20 und 50 Euro. Den Betrag sparen Sie durch gezieltes Düngen wieder ein, wenn Sie sich an die gegebenen Empfehlungen halten. Sie werden merken, ob sich die Werte in Ihrem Garten vorteilhaft verändern, stabil bleiben oder gar eine negative Entwicklung eingetreten ist. Denn zu viel des Guten ist schlecht. Viele Hausgärten sind in guter Absicht mit Phosphor überdüngt, der in Kompost reichlich vorhanden ist und leiden an Stickstoffmangel – oft erkennbar an zu hellen Blättern!

Unterschiedliche Ansprüche der Gemüsearten

Auch die Gemüsearten unterscheiden sich deutlich nach Höhe ihres Nährstoffbedarfes und wollen nicht alle gleich behandelt werden. Einige wie Kartoffeln oder Tomaten sind sehr „hungrig", andere wie Salat oder Hülsenfrüchte hingegen sind bescheiden. Pflanzen mit hohem Nährstoffbedarf „meckern", wenn sie nicht genug bekommen – eine Überdüngung hingegen führt zu mastigen Pflanzen, die krankheitsanfällig sind. Fruchtbildende Gemüse entwickeln bei Überdüngung mehr Blätter und weniger Früchte. In den Gemüseporträts ab Seite 32 finden Sie Informationen dazu, wie hoch der jeweilige Nährstoffbedarf ist.
Grundsätzlich gilt: Da es eine Zeit lang dauert, bis organischer Dünger von den Pflanzen erschlossen wird, sollten Sie ihn kurz vor oder zur Zeit

Unkrautstecher, Fugenkratzer und Handhacke helfen bei der Bodenbearbeitung im Hochbeet.

der Pflanzung geben und je nach Bedarf im Sommer nachdüngen. Zeigen Pflanzen akute Mangelerscheinungen, kann eine schnelle Gabe von Brennnesseljauche oder auch eines mineralischen Flüssigdüngers Nothilfe sein. Wird es mit dem Herbst kühler, sollten Sie die Düngung einstellen, da die Pflanzen die Nährstoffe kaum noch aufnehmen können. Vor allem Stickstoff wäscht dann aus und belastet unsere Gewässer.

EINFACHE BODENPFLEGE MIT DEM RICHTIGEN WERKZEUG

Mit gutem Werkzeug macht die Gartenarbeit viel mehr Spaß, als wenn Sie sich über unzulängliche Gerätschaften ärgern müssen. Kaufen Sie lieber weniger, aber hochwertige Werkzeuge.
Um größere Flächen urbar zu machen, sind Spaten oder Grabegabel nützlich. Mit einem Sauzahn können Sie etwas tiefere Bodenschichten schonender bearbeiten. Später reicht es oft, den Boden mit einer Pendelhacke und Harke zu lockern und zu glätten. Vor allem solange Ihre Gemüsepflanzen noch klein sind, sollten Sie den Boden von konkurrierenden Wildkräutern freihalten. Das geht, indem Sie jäten und hacken. Letzteres belüftet zudem den Boden und sorgt dafür, dass weniger Feuchtigkeit verdunsten kann.

1. Der Spaten ist das richtige Werkzeug, um schwere Böden zu bearbeiten.

2. Mit der Grabegabel kann man schonend umgraben.

3. Eine Harke glättet das Beet.

4. Die Pendelhacke hilft bei der Unkrautbekämpfung.

1

2

3

4

Befüllen Sie morgens Ihre Gießkannen, so erwärmt sich das Wasser darin im Laufe des Tages ganz von allein.

GEZIELT GIESSEN

Zur Bodenpflege gehört neben der Bodenbearbeitung und der Düngung auch das richtige Wässern. In längeren Trockenphasen sollten Sie neu ausgesäte oder kleine Gemüsepflanzen gleichmäßig feucht halten – dazu muss man unter Umständen täglich gießen, bei Hitze auch zweimal.

Menge und Zeitpunkt

Sobald Ihre Pflanzen aber gut eingewurzelt sind, ist es besser, Sie gießen nur alle paar Tage, aber dafür tief durchdringend, damit die Pflanzen tiefe und kräftige Wurzeln entwickeln. Das heißt, etwa 10 Liter pro Quadratmeter. Wenn Sie mit einem Sprenger arbeiten, können Sie die Wassermenge nicht so gut einschätzen. Testen Sie am besten nach einigen Minuten des Beregnens, wie tief das Wasser schon eingedrungen ist!

Der beste Zeitpunkt zum Gießen ist der Morgen. Dann ist der Boden noch nicht von der Sonne erhitzt und die Wurzeln bekommen keinen Kälteschock vom Wasser. Außerdem trocknen die Pflanzen schneller ab (das beugt Krankheiten und Schnecken vor). Wenn das aus zeitlichen Gründen für Sie nicht möglich ist, sollten Sie einen Sprenger verwenden, der einen sehr feinen Strahl erzeugt, damit sich das Wasser an der Luft erwärmen kann. Bereits in der Regentonne über den Tag erwärmtes Wasser ist ebenso gut!

In Hochbeet und Kübel

Für das Hochbeet gilt, dass hier häufiger gegossen werden muss, da es weniger Möglichkeiten gibt, die Feuchtigkeit zu speichern. Ganz besonders trifft das natürlich auf Ihre Pflanzen im Kübel zu! Diese müssen an heißen Tagen unter Umständen sogar zweimal täglich mit Wasser versorgt werden. Da sich die Wurzeln im Kübel besonders stark erhitzen, sollten Sie hier unbedingt erwärmtes Wasser verwenden – wenn kein Regenfass zur Verfügung steht, können Sie auch mehrere Gießkannen befüllen. Darin wird das Wasser über den Tag warm.

Ein Hochbeet macht warme Füße

Besonders wärmebedürftige Pflanzen lieben es, im Hochbeet wachsen zu dürfen. Denn dort erwärmt sich die Erde schneller als am Boden. Für Sie als Gärtnerin oder Gärtner ist es zudem bequemer zu bearbeiten.

1

Dabei muss ein Hochbeet nicht zwangsläufig Tischhöhe erreichen. Auch eine Höhe von 30 bis 40 cm bringt schon eine Arbeitserleichterung und sorgt für bessere Erwärmung.

PRAKTISCHE BEFÜLLUNG

Haben Sie einen großen Garten mit vielen Pflanzenabfällen, können Sie ein klassisches Hochbeet auch dafür nutzen, diese Abfälle darin verrotten zu lassen und von der dabei entstehenden Wärme zu profitieren. Das erfordert aber einen strengen Aufbau des Hochbeetes: Nach unten kommen langsam verrottende Materialien wie Zweige und Baumschnitt, darüber grober Kompost, Grasschnitt oder auch Rasensoden und Blätter, die oberste Schicht besteht aus Gartenerde oder Pflanzsubstrat. Das organische Material sackt im Laufe der Zeit zusammen, so dass Sie umschichten und nachfüllen müssen. Wem das zu viel Arbeit ist, der befüllt das Hochbeet vollständig mit Gartenerde oder Pflanzsubstrat. Steht Ihr Hochbeet auf einem wasserundurchlässigen Boden, sollten Sie ununterst noch eine Drainage einbauen. Wichtig ist es, regelmäßig zu düngen.

GEEIGNETES MATERIAL FÜR DEN RAHMEN

Ein niedriges Hochbeet kann aus Gehwegplatten gebaut werden, soll es mehr als 30 cm hoch werden, sind Holzbretter das Material der Wahl. Ich empfehle ein witterungsbeständiges Holz wie Lärche oder Eiche, wenn Sie Weichholz wählen, sollte dies imprägniert sein. Manche Gärtner bauen Hochbeete auch aus Kompostgittern. In diesem Fall sollten Sie das Hochbeet von innen mit Folie auskleiden, so dass die Erde nicht zu schnell austrocknet. Bei Hochbeeten aus Holz wird dies auch empfohlen, um dem Verrotten des Holzes vorzubeugen. Haben Sie Wühlmäuse im Garten, sollten Sie unbedingt ein Eindringen der Tiere von unten unterbinden, indem Sie Kaninchendraht auf den Boden legen und an den Rändern des Beetes befestigen.

OPTIMALER STANDORT

Der optimale Standort für das Hochbeet ist sonnig. Kleine Hochbeete können in Hinterhöfen auf versiegeltem Boden aufgebaut werden und dort einen temporären Gemüseanbau ermöglichen – ideal für

2

3

Mieter! Mittlerweile gibt es auch runde Minihochbeete aus Folie, die nach der Saison platzsparend weggeräumt werden können. Ein Hochbeet kann grundsätzlich auch auf dem Balkon angelegt werden, allerdings ist hier das hohe Gewicht zu bedenken, im Zweifelsfall fragen Sie einen Statiker.

HOCHBEET-AUFSATZ ALS KÄLTESCHUTZ ODER FRÜHBEET

Im Handel sind die unterschiedlichsten Hochbeetvarianten erhältlich. Darunter sind auch Systeme, die zugleich eine Abdeckung wie bei einem Frühbeet mit anbieten. Das kann eine gute Lösung sein, hat in der Regel aber seinen Preis. Für größer werdende Pflanzen wie Tomaten, Auberginen oder Okra sind die Abdeckungen in der Regel zu flach. Geht es nur um die Anzucht, so kann man diese wenigen Wochen auch mit einer Vliesabdeckung gut überbrücken. Das ist preisgünstiger und man braucht für das Vlies auch weniger Lagerplatz. Je nach Größe des Hochbeetes können Sie auch ein handelsübliches Folienbeet hineinstellen.

1. Ein Hochbeet in Tischhöhe erleichtert die Gartenarbeit besonders für ältere Menschen.

2. Mit einem Hasendraht am Boden des Hochbeetes wehrt man Wühlmäuse ab.

3. Mit ausrangierten Fenstern kann man das Hochbeet zu einem Frühbeet machen.

CHECKLISTE:

BEFÜLLUNG VON UNTEN NACH OBEN

- ☐ ggf. Wühlmausgitter
- ☐ Zweige und Baumschnitt
- ☐ Gras- oder Laubschnitt
- ☐ grober Kompost
- ☐ Pflanz-/Gartenerde

Gemüse auf Balkon & Terrasse

Keinen Garten zu haben ist noch lange kein Grund, auf den Gemüseanbau zu verzichten. Gerade wärmeliebende Arten gedeihen oft gut in Kübeln auf dem Balkon oder auf der Terrasse.

1

TOMATEN

In großen Kübeln, wettergeschützt und an einer wärmespeichernden Hauswand aufgestellt, gedeihen Tomaten ausgezeichnet.

Das wärmeliebende Gemüse schätzt zudem einen sonnigen, windgeschützten Standort in der Nähe einer Hauswand, welche die Sonnenwärme speichert. Dennoch sollte man realistisch sein: Selbstversorgung auf dem Balkon kann entgegen der Versprechungen zahlreicher Ratgeber nur sehr begrenzt möglich sein. Der Spaß daran, interessante und hübsche Pflanzen mit Naschfaktor zu ziehen, sollte im Vordergrund stehen.

GUTE VERSORGUNG IN TOPF UND KÜBEL

Entscheidend für das Gedeihen im Kübel ist die ausreichende Versorgung mit Nährstoffen und Wasser. Verwenden Sie eine gute Blumenerde und beginnen Sie etwa acht Wochen nach dem Pflanzen damit, Ihre Zöglinge mit einem organischen Gemüsedünger zu versorgen. Zeigen sich deutliche Anzeichen von Nährstoffmangel – wie hellgrün werdende Blätter – leisten Sie auch bei Kübelkultur mit einem Flüssigdünger Soforthilfe. Am besten gießen Sie regelmäßig morgens und achten darauf, dass das gesamte Substrat sich mit Wasser vollsaugt und nicht vollständig austrocknet. Sonst verliert es seine Aufnahmefähigkeit und das Wasser läuft nur noch durch. In einem solchen Fall hilft es, kleinere Kübel in ein Wasserbad zu stellen und größere Kübel mehrfach langsam zu gießen. Beachten Sie auch, dass die Pflanzen einen ausreichend großen Wurzelraum erhalten. Für Tomaten, Kartoffeln, Süßkartoffeln oder

ERDE NICHT WEGWERFEN

Blumenerde ist teuer. Wenn Sie Platz haben, um die Erde den Winter über zu lagern, können Sie sie im kommenden Frühjahr mit einem guten organischen Dünger wieder fit machen. Achten Sie aber darauf, nicht immer dieselbe Gemüseart in die Erde zu setzen, sonst besteht die Gefahr von spezifischen Erkrankungen und Mangelerscheinungen.

2

Yacon sollte der Kübel mindestens 15, besser 20 Liter fassen. Es gibt in dieser Größe auch faltbare Pflanzbehälter aus Folie zu kaufen, die nach Gebrauch platzsparend verstaut werden können.

GANZ EINFACH ERNTEN

Wenn Knollengemüse wie Erdmandeln, bunte Kartoffeln oder Knollenziest erntereif ist, müssen Sie den Kübel einfach nur ausschütten und die Knollen aus der Erde fischen!

3

1. Für die Kultur auf der Terrasse eignen sich Tontöpfe, faltbare Pflanzsäcke oder auch mit Folie ausgekleidete Körbe gleichermaßen. Auch Gefäße aus Filz kommen in Frage.

2. Kartoffeln lassen sich auch gut in Pflanzsäcken ziehen.

3. Naschtomaten auf dem Balkon bereiten viel Freude. Hier sollten Sie kleinwüchsige Sorten auswählen.

Wärmeliebende Kübelpflanzen bekommen einen geschützten und sonnigen Platz auf der Terrasse.

DIESE PFLANZEN SIND FÜR DIE KULTUR IM KÜBEL ...

... SEHR GUT GEEIGNET	... GEEIGNET	... NICHT GUT GEEIGNET
Aubergine	Asia-Kohl	Amarant
Chili / Paprika	Bohne	Artischocke / Karde
Erdmandel	Gurke	Baumspinat
Hirschhornwegerich	Mangold	Inkagurke
Kartoffel	Mexikanische Minigurke	Erbse
Knollenziest	Palmkohl	Neuseeländer Spinat
Oca	Radicchio	Sprouting Brokkoli
Okinawa-Spinat	Tomatillo / Physalis	
Okra	Yacon	
Salzkraut		
Süßkartoffel		
Tomate		

Pflanzen kombinieren

Schon die ersten Ackerbauern haben bald entdeckt, dass der Ertrag bei einer Mehrfelderwirtschaft ertragreicher ist, als wenn Jahr für Jahr dasselbe an einer Stelle wachsen soll. Das ist auch logisch, denn Pflanzen haben unterschiedliche Nährstoffbedürfnisse.

Der Boden würde einseitig ausgelaugt, wenn ihm immer nur dasselbe abverlangt wird. Dies betrifft nicht nur die Stärke des Nährstoffbedarfes, manche Pflanzen benötigen auch mehr Phosphor, die anderen mehr Kali etc. Hinzu kommt, dass Schädlinge und Krankheiten teilweise im Boden verbleiben und im nächsten Jahr wieder dieselbe Kultur befallen würden. Auch um es den Antagonisten nicht zu leicht zu machen, sollte man in jeder Saison einen Standortwechsel vornehmen. Dabei sollten Sie darauf achten, dass nicht Pflanzen aus derselben Familie aufeinander folgen (siehe S. 29). Am besten notieren Sie sich, was wo steht, damit Sie im Folgejahr noch den Überblick haben.

MISCHKULTUR – WER KANN MIT WEM

Wenn Sie es bunt mögen, bauen Sie Ihre Pflanzen am besten in Mischkultur an. In der Natur gibt es auch keine Monokulturen – im Gegenteil, manche Pflanzen tun sich gegenseitig gut. Schädlinge haben es zudem schwerer, ihr Opfer zu finden. Außerdem sehen bunte Beete hübscher aus als strenge lange Reihen! Auch Blumen bereichern das Gemüsebeet.
In vielen Ratgebern finden Sie Angaben, welche Pflanzen sich am besten vertragen und welche nicht. Oft widersprechen sich diese. Ich glaube, dass ein ganzes Gärtnerleben nicht ausreicht, um selbst auszuprobieren, welche Kombination nun wirklich optimal ist. Deshalb gehe ich das Thema sehr pragmatisch an

TOPF-KOMBINATIONEN

Während man auf dem Beet vor allem solche Pflanzen in Mischkultur setzt, die sich gegenseitig positiv beeinflussen, geht es auf dem Balkon oft darum, dass die Bepflanzung hübsch aussieht. Zu Tomaten passen kräftige Sommerblüher wie Wandelröschen, der gelbe Husarenknopf oder der Goldtaler.

und überlege, welche Kombination eine sinnvolle Ausnutzung der Beete gewährleistet. So pflanze ich schnell wachsende Gemüse wie Salat, Asia-Kohl oder Hirschhornwegerich rund um solche Pflanzen, die erst langsam Fahrt aufnehmen und später viel Platz beanspruchen wie Süßkartoffel, Yacon oder Oca. Radieschen wachsen bei mir manchmal zu Füßen der Paprika.

Letztlich müssen Sie selbst ausprobieren, welche Mischkulturen für Sie das Richtige sind. Einzige Einschränkung ist, dass Angehörige derselben Pflanzenfamilie sich gegenseitig nicht befördern, sondern miteinander um Nährstoffe konkurrieren und auch dieselben Schädlinge anlocken.

FRUCHTFOLGE – ÖFTER DAS BEET WECHSELN

Aber auch Schädlinge müssen kein Problem sein, solange Sie nicht zu eng pflanzen und den Fruchtwechsel von Jahr zu Jahr einhalten. Die exotischen Gemüsearten aus diesem Buch gehören sehr vielen unterschiedlichen Pflanzenfamilien an, so dass Sie ohne große Probleme viele hübsche und nützliche Varianten der Mischkultur finden werden.

1

2

1. Gartenringelblumen *(Calendula officinalis)* passen hübsch in den Bauerngarten und sorgen für Bodengesundheit.

2. Reihen aus grün- und rotblättrigen Gemüsen machen auch optisch etwas her.

Hübsch und für die Bodengesundheit sehr zuträglich ist es, wenn Sie außerdem noch Tagetes zwischen die Pflanzen setzen. Sie halten schädliche Wurzelälchen (Nematoden) fern.

WELCHE PFLANZEN GEHÖREN ZU WELCHER FAMILIE?

PFLANZENFAMILIE	PFLANZEN
Fuchsschwanzgewächse	Amarant, Salzkraut
Gänsefußgewächse	Baumspinat, Mangold
Hülsenfrüchtler	Bohne, Erbse, Spargelerbse
Korbblütler	Artischocke / Karde, Okinawa-Spinat, Radicchio, Yacon
Kreuzblütler	Asia-Kohl, Palmkohl, Sprouting Brokkoli
Kürbisgewächse	Gurke, Inkagurke, Mexikanische Minigurke
Lippenblütler	Knollenziest
Malvengewächse	Okra
Mittagsblumengewächse	Eiskraut, Neuseeländer Spinat
Nachtschattengewächse	Aubergine, Chili / Paprika, Kartoffel, Physalis, Tomate, Tomatillo
Sauergrasgewächse	Erdmandel
Sauerkleegewächse	Oca
Wegerichgewächse	Hirschhornwegerich
Windengewächse	Süßkartoffel

Gesunde Pflanzen

Um Krankheiten und Schädlingen an Gemüsepflanzen vorzubeugen, helfen am besten gute Standortbedingungen und die richtige Versorgung. Pflanzen, die sich wohl fühlen, bleiben eher gesund.

BRAUNFÄULE

Hat die Braunfäule Ihre Tomatenpflanzen befallen, werden die Blätter grau-braun und sterben schnell ab. Die Stängel bekommen graue Flecken und die Früchte eingesunkene braune Stellen. Entfernen Sie alle kranken Pflanzenteile!

Dem Echten Mehltau können Sie vorbeugen, indem Sie Ihre Pflanzen in heißen und trockenen Phasen gleichmäßig feucht halten. Das beugt ein gutes Stück weit auch der Ausbreitung von Blattläusen vor. Sollten die kleinen Sauger doch Ihr Gemüse befallen haben, reicht es manchmal, einfach etwas abzuwarten, bis Marienkäfer kommen und die Blattläuse vertilgen. Oder aber Sie spritzen mit einer Mischung aus 1 Teil Pflanzenöl, 10 Teilen Wasser und etwas Spülmittel. Eventuell müssen Sie das wiederholen. Das Mittel hilft auch gegen die Weiße Fliege, die hauptsächlich im Gewächshaus auftritt. Vermeiden Sie es, Ihre Pflanzen mit Stickstoff zu überdüngen, das macht die Blätter weich und anfälliger für unerwünschten Befall jeder Art. Setzen Sie Pflanzen luftig und nicht zu eng.

MECHANISCHE BARRIEREN

Vor allerlei fliegenden Schädlingen helfen sehr wirkungsvoll Schutznetze, die mittels Tunnelstäben über das Gemüse gelegt werden. Zugegeben, das sieht nicht besonders schön aus, ist aber effektiv. Gegen Nematoden hilft es, Tagetes zwischen die Gemüsepflanzen zu setzen. Das beugt auch der Weißen Fliege vor.
Für Tomaten ist besonders die Braunfäule ein großes Problem. Diese tritt in längeren regnerischen Phasen auf und führt dazu, dass die Pflanzen grau-braune Blätter bekommen und rasch absterben (siehe auch S. 68). Hier hilft es vorbeugend, wenn Sie die Tomaten überdachen, dann sind die Pflanzen gut geschützt. – es sollte aber dennoch etwas Wind gehen. Ideal ist auch ein Platz an einer wettergeschützten Hauswand.

SCHNECKEN - HILFE GEGEN DEN GRÖSSTEN FEIND IM BEET

Für die meisten Gärtner sind gefräßige Schnecken das größte Problem. In einer verregneten Nacht können sie ein frisch ausgesätes oder bepflanztes Beet kahl futtern. Entsprechend kursieren schier unendlich viele Tipps. Wirklich helfen tun nur drei Dinge:

1. Sie sammeln die Schnecken ab

Bei feuchtem Wetter regelmäßig! Dann bringen Sie die Schnecken entweder ganz weit weg oder zerschneiden sie und vergraben die Überreste. Schnecken in die Biotonne zu werfen, zu ertränken oder mit Salz zu bestreuen ist Tierquälerei!

2. Sie streuen Schneckenkorn

Und zwar schon zu Beginn der Saison, bevor sich die Tiere vermehrt haben. Wenn Sie Igel und Co. einen Gefallen tun wollen, nehmen Sie ein Mittel auf Eisen-III-Phosphat Basis, das ist für Vögel und Säugetiere ungiftig.

3. Sie investieren in mechanische Barrieren

Für einzelne Pflanzen wie Gurke, Paprika oder auch Salat sind sogenannte Schneckenkragen wirkungsvoll. Wollen Sie ein ganzes Beet schützen, ist ein Schneckenzaun aus verzinktem Blech das Mittel der Wahl. Das kostet erst einmal – aber in den Folgejahren sparen Sie erheblich am Schneckenkorn!

ERKLÄRUNG DER SYMBOLE

- ☀ Sonne
- ⛅ Halbschatten
- Schwachzehrer
- Mittelzehrer
- Starkzehrer
- A Aussaat-Monate
- P Pflanz-Monate
- E Ernte-Monate
- ✓ sehr gut geeignet
- ✓✓ am besten geeignet
- ♦ mäßig geeignet
- ✗ nicht geeignet

FRUCHTGEMÜSE

Artischocke und Karde

Die Karde ist in den Mittelmeerländern und Nordafrika beheimatet und gilt als die Stammform der Artischocke. Während man bei der Artischocke den Blütenboden und die Blütenschuppen isst, verzehrt man bei der Karde die gebleichten Blattrippen.

Artischocken *(Cynara cardunculus)* sind im Mittelmeerraum weit verbreitet, in Deutschland nur in gut geführten Supermärkten im Angebot, Karden sind schwer erhältlich. Haupterntezeit ist der Spätherbst. Die Pflanzen sind eine Zierde im Staudenbeet.

ANZUCHT UND PFLANZUNG

Fangen Sie bereits Anfang März damit an, die Pflanzen im beheizten Gewächshaus oder auf dem Fensterbrett auszusäen oder kaufen Sie Jungpflanzen Anfang Mai. Lassen Sie sich dann beim Auspflanzen nicht täuschen – die kleinen Pflänzchen benötigen am Ende einen Quadratmeter je Exemplar. Die Pflanzen schätzen einen lockeren Boden in sonniger Lage. Da es eine ganze Zeit dauert, bis eine Pflanze den zugewiesenen Platz vollkommen einnimmt, bietet sich eine Unterkultur mit Salat oder Radieschen an, die rascher geerntet werden.

GUTE PFLEGE

Die Pflanzen sind sehr robust und werden in der Regel nicht krank. Sie haben einen hohen Nährstoffbedarf, besonders mögen sie organischen Dünger wie Kompost. Halten Sie den Boden locker, indem Sie regelmäßig hacken. Bei längerer Trockenheit muss unbedingt gewässert werden! Ist das Spätfrühjahr sehr trocken, kann ein Befall mit schwarzen Läusen auftreten. Diese lassen sich abreiben oder mit einer Spritzung aus Brennnesseljauche vertreiben.

RICHTIG ERNTEN

Bei Artischocken werden die Blütenstände geerntet, solange sie noch fest geschlossen sind, der Blütenboden sollte sich aber schon ganz entwickelt haben. Wartet man zu lange, zeigen sich die schönen violetten Blüten. Der Erntezeitraum beginnt je nach Klima im Juni oder Juli.
Bei Karden bleicht man vor dem Eintritt von stärkerem Frost – etwa ab September – die ganzen Pflanzen, damit sie ihre Bitterstoffe verlieren. Dazu bindet man sie locker mit einem Seil zusammen und schlägt dann entweder schwarze Folie oder aber Leinwandsäcke um sie. Ich verwende dabei Handschuhe, denn die Pflanze ist recht stachelig. Nach etwa drei bis vier Wochen sind die Pflanzen fertig gebleicht. Nun schneidet man entweder die Blattrippen nach Bedarf oder gräbt die Karde mitsamt den Wurzeln aus und schlägt sie im Keller ein. Achtet man darauf, die Wurzel feucht zu halten, lässt sie sich dort einige Wochen lagern.

1

2

3

1. Artischocken werden geerntet, bevor sich die Blüten öffnen.

2. Das Blatt der Karde ist stachelig.

3. Werden Artischocken doch einmal zu spät geerntet, kann man sich an den wunderschönen Blüten erfreuen.

CHECKLISTE FÜR DEN ANBAU

- ☐ A III P IV E VI bis X
- ☐ Pflanzenabstand 100 × 75 cm
- ☐ hoher Platzbedarf
- ☐ lange Standzeit
- ☐ wärmeliebend
- ☐ Zierde im Staudenbeet - mehrjährig
- ☐ Beet ✓ Hochbeet ✗ Kübel ✗

IN DER KÜCHE

Artischockenknospen werden im Ganzen etwa 30 bis 40 Minuten lang in Salzwasser gegart. Zum Verzehr zupfen Sie einzeln die Blütenhüllblätter ab und dippen sie in eine passende Soße – das kann eine Frischkäsecreme ebenso sein wie Olivenöl mit Zitronensaft und Salz. Ziehen Sie beim Verzehr dann das Fruchtfleisch mit den Zähnen von den Blättern. Je dichter man zum Blütenboden gelangt, desto üppiger wird der verzehrbare Anteil. Den delikaten Blütenboden verzehrt man mit Messer und Gabel, nachdem man das sogenannte Heu – überständige Fasern – davon entfernt hat.
Bei den Karden werden die Stängel und äußeren Blattrippen gegessen. Etwaige Fäden können vor oder auch nach dem Kochen abgezogen werden. Vor dem Kochen ist dies mit einem Spargelschäler leicht möglich. Die Stängel werden in fingerlangen Stücken in Salzwasser 15 bis 20 Minuten gedünstet, sie sollten noch bissfest sein.

SORTEN FÜR DEN GARTEN

Artischocke 'Green Globe' ist eine weit verbreitete, gut winterharte Sorte, 'Violetto' eine italienische Sorte mit länglichen Knospen. Saatgut für Karden ist nur bei Spezialanbietern erhältlich.

TIPP

Wenn Sie keine extremen Winterfröste haben, können Sie versuchen, die Artischocke bzw. Karde mehrjährig zu kultivieren. Dafür werden die Pflanzen vor Beginn des Winters runtergeschnitten. Decken Sie den Wurzelstock so ab, dass kein Wasser durch die Stängel ins Innere des Wurzelstockes laufen kann und dort Fäulnis verursacht.

Aubergine

Die Aubergine stammt ursprünglich aus Asien und gehört zur Familie der Nachtschattengewächse. Mit etwas Geschick und Glück lassen sich Auberginen auch in kühleren Regionen kultivieren.

SORTE 'ROSA BIANCA'

Diese Aubergine entwickelt sehr fleischige Früchte, die kaum bitter schmecken und nicht allzu spät ausreifen. Man kann die Sorte auch in einem Kübel kultivieren.

Auberginen *(Solanum melongena)* trugen ursprünglich kleinere, cremefarbene und eiförmige Früchte, woher der auch noch bekannte Name Eierfrucht vermutlich rührt. Die Sortenvielfalt ist in den Ursprungsländern bis heute enorm. In Deutschland sind Auberginen erst in den 70er-Jahren bekannter geworden. Gastarbeiter aus den Mittelmeerländern haben sie mitgebracht und in ihren Restaurants und Läden angeboten. Der größte Teil der bei uns verkauften Früchte wird in den Mittelmeerländern und Nordafrika produziert.

ANZUCHT UND PFLANZUNG

Wichtig ist es, bereits früh im Jahr die Jungpflanzen anzuziehen, die sonst nur in gut sortierten Gärtnereien und auf Märkten erhältlich sind. Entscheiden Sie sich daher für früh reifende Sorten und beginnen Sie mit der Anzucht schon Ende Februar.
Die Samen werden ca. 1 cm tief in Aussaaterde gelegt, die fest angedrückt werden muss. Stellen Sie die Aussaatgefäße warm, ideal sind 22 bis 25 °C. Nach etwa zwei Wochen erscheinen die Keimlinge, die Sie nach weiteren zwei bis drei Wochen in nicht zu kleine Töpfe pikieren sollten. Nach den Eisheiligen können die Auberginen in den Garten ausgepflanzt werden – wer einen frostsicheren Platz im Gewächshaus hat, kann dies bereits im April tun. Man sollte auf jeden Fall einen geschützten Ort mit optimalem Mikroklima wählen, zum Beispiel an einer Südwand, in einem Hochbeet oder auch in einem Vlies- oder Folientunnel. Ein mittelgroßer Kübel auf dem Balkon ist ebenfalls geeignet. Pflanzen Sie die Aubergine

1

2

in einem Abstand von etwa 50 cm in der Reihe und 60 cm zwischen den Reihen. Bei Minisorten kann man auch enger pflanzen.

GUTE PFLEGE

Die normalgroßen Sorten benötigen eine Stütze, also am besten gleich einen Stab mit einstecken und regelmäßig aufbinden. Wer Auberginen im Gewächshaus oder Tunnel zieht, sollte die Pflanzen während der Blütezeit immer mal wieder schütteln, um eine Befruchtung zu gewährleisten – draußen übernimmt der Wind diese Arbeit. Achten Sie auf ausreichende Bewässerung und Düngung vor allem bei Kübelpflanzung!

RICHTIG ERNTEN

Auberginen reifen weitgehend im August und September. Erste reife Früchte können Sie daran erkennen, dass sie auf Druck leicht nachgeben. Oder Sie schneiden eine Frucht auf und betrachten das Innere: Ist das Fruchtfleisch noch grünlich, waren Sie zu früh. Wird es bereits braun, sind die Früchte schon überreif. Den richtigen Zeitpunkt zu erkennen erfordert ein wenig Erfahrung.

SORTEN FÜR DEN GARTEN

Es gibt etliche Variationen in hellen und dunkleren Violetttönen, aber auch weiße, gelbe und tomatenrote Auberginen. Einige Sorten bleiben sogar im reifen Zustand grünlich. Für den Kübel sind Miniauberginen wie 'Bambino' geeignet. Im kühleren Klima bzw. Freiland gedeihen die rundliche 'Prosperosa', die hellviolette 'Round Mauve' und die hübsche 'Listada de Gandia'.

1. Junge Auberginenpflanzen sollten warm und hell stehen, damit sie sich gut entwickeln. Nach ein paar Wochen vertragen die Pflänzchen eine erste Gabe Flüssigdünger.

2. Die Minisorte 'Bambino' eignet sich hervorragend zur Kultur im Kübel auf dem Balkon oder auf der Terrasse.

1

1. Die Sorte 'Cannibal Tomato' wirkt optisch eher wie eine kleine Paprika oder Chili.

2. Früchte der Miniaubergine 'Bambino' werden zwischen walnuss- bis hühnereigroß.

3. 'Striped Toga' ist viel zu hübsch, um gleich verspeist zu werden.

2

3

Die Sorte 'Striped Toga' trägt Trauben mit sehr dekorativen kleinen Früchten, die zunächst gelb-grün gestreift sind und beim Abreifen orange-rot werden – leider braucht diese Sorte sehr viel Wärme. Exotisch und hübsch auch im Staudenbeet ist die Sorte 'Cannibal Tomato' mit kleinen knallroten Früchten, die ein wenig bitter schmecken.

Für den Garten gibt es weitaus mehr Auberginen-Sorten als im Supermarkt erhältlich sind.

IN DER KÜCHE

Früher war es weit verbreitet, Auberginen vor der Zubereitung in Scheiben zu schneiden, mit Salz zu bestreuen und dies nach einer halben Stunde abzuwaschen. Damit hat man die Bitterstoffe aus den Früchten gezogen, die heute bei den meisten Sorten weggezüchtet worden sind. Heute ist diese Prozedur nur noch bei alten Sorten nötig.

REZEPT: AUBERGINENPÜREE

Dazu gart man die Früchte zunächst im Ganzen eine halbe Stunde im Backofen. Damit sie nicht platzen, stechen Sie vorher mit der Gabel ein paar Löcher hinein. Sind die Früchte abgekühlt, können Sie die Haut abziehen. Das Fruchtfleisch nun klein schneiden und mit etwas ausgepresstem Knoblauch, Salz, Pfeffer, Zitronensaft und Olivenöl vermengen, abschließend mit einer Gabel zerdrücken. Dazu passt klein gehackte Petersilie oder auch Minze. Im Maghreb isst man Weißbrot dazu, dort ist das Püree ein sehr beliebtes Gericht!

CHECKLISTE FÜR DEN ANBAU

- ☐ A II bis III P V E VIII bis X
- ☐ Pflanzenabstand 50 × 60 cm
- ☐ lange Standzeit
- ☐ wärmeliebend – gedeiht gut hinter Glas
- ☐ ggf. Stab als Stütze
- ☐ Beet ✓ Hochbeet ✓✓ Kübel ✓

Stangenbohne

Trotz der enormen Sortenvielfalt sind hierzulande fast nur die grünen Bohnen bekannt, die zumeist als Buschbohnen gezogen werden. Der Anbau von Stangenbohnen ist etwas aufwändiger. Der Ertrag ist jedoch ungleich größer und es gibt wunderschön anzusehende und auch wohlschmeckende Sorten.

Bohnen für den Garten *(Phaseolus vulgaris)* haben ihren Ursprung auf dem amerikanischen Kontinent. Dort werden sie schon seit über 3.000 Jahren kultiviert. Durch Kolumbus wurden die Vorfahren unserer heutigen Gartenbohne nach Europa gebracht.

AUSSAAT IM GARTEN

Stangenbohnen wachsen gerne auf humosen, leichten Böden und schätzen eine windgeschützte, sonnige Lage. Da sie Temperaturen unter 5 °C nicht gut vertragen und am besten in erwärmtem Boden keimen, sollte man Bohnen erst ab Mitte Mai legen. Man legt fünf bis neun Kerne nicht zu tief um eine Stange. Idealerweise beträgt der Abstand zwischen den Stangen 60 bis 80 cm. Wenn Stangenbohnen im Kübel gezogen werden, sollten diese mindestens 15 Liter Erde fassen.

GUTE PFLEGE

In der ersten Zeit nach dem Keimen sind Bohnen bei den Schnecken sehr beliebt. So kann es sich lohnen, für zwei oder drei Wochen Schneckenkorn zu streuen, bis die Pflanzen größer geworden sind. Hacken Sie vorsichtig zwischen den jungen Bohnenpflanzen und häufeln Sie leicht an, um die Standfestigkeit zu erhöhen. Die Pflanzen benötigen regelmäßige Bewässerung, vertragen aber keine Staunässe.

CHECKLISTE FÜR DEN ANBAU

- ☐ A V E VII bis IX
- ☐ Pflanzenabstand 60 × 80 cm
- ☐ lange Standzeit
- ☐ wärmeliebend
- ☐ braucht eine Rankhilfe
- ☐ Beet ✓ Hochbeet ♦ Kübel ♦

1

2

1. Stangenbohnen ranken an Bambusstäben oder auch Holzleisten bis zu 3 m hoch – entsprechend muss die Stange tief und fest im Boden sitzen.

2. Feuerbohnen haben wunderhübsche rote Blüten!

RICHTIG ERNTEN

Die Haupterntezeit ist von Juli bis Anfang Oktober. Pflücken Sie durch, bevor sich die Bohnen deutlich durch die Hülse abzeichnen. Je länger man die Hülsen an der Pflanze lässt, desto stärker bilden sich die unangenehmen Fäden an den Nahtstellen der Hülsen. Wer häufig die Bohnen durchpflückt, bringt die Pflanze dazu, immer wieder neue Hülsen zu produzieren. Eine Ausnahme bilden Borlottibohnen. Hier wartet man mit der Ernte, bis sich die Kerne ausgebildet haben. Diese werden „milchreif" gegessen, also nicht getrocknet.

BOHNEN IN DER KÜCHE

Grüne Bohnen und auch Bohnenkerne müssen gekocht werden, dadurch wird das in ihnen enthaltene Gift Phasin zerstört. Milchreife Körnerbohnen brauchen in etwas Salzwasser nur wenige Minuten Kochzeit. Ihr zarter Geschmack kommt am besten zur Geltung, wenn sie nur gesalzen und gepfeffert mit einem Stich Butter serviert werden. Wenn gegarte Bohnen übrig bleiben, lassen sich diese mit etwas Essig, Öl, Salz und Knoblauch zu einem leckeren Salat verarbeiten.

WAS SIND FEUERBOHNEN?

Nicht zu Unrecht werden diese auch Prunkbohnen genannt, denn sie bilden viele wunderschöne Blüten. Sie vertragen einen kühlen Sommer besser als ihre Verwandten und ihr Wachstum ist mit einer Höhe von bis zu 4 m ausgeprägter. Deshalb sind sie ideal zur schnellen Begrünung von Sichtschutzwänden und Zäunen. Die Früchte sind etwas gröber als die der typischen grünen Bohne. Wie bei den Borlottis kann man auch bei der Feuerbohne die Kerne milchreif ernten oder sogar als Trockenbohnen verwenden. Empfehlenswerte Sorten sind die robuste 'Preisgewinner', die auch raues Klima gut verträgt. 'Lady Di' ist eine ebenfalls rot blühende Sorte mit sehr langen fadenlosen Hülsen. Die Sorte 'Hestia' wird nur 30 bis 40 cm hoch und eignet sich deshalb ebenso für die Kultur im Kübel.

1

2

3

4

TIPP

Wer eigenes Saatgut ernten möchte, lässt einfach die Bohnenkerne in den Hülsen ausreifen und trocknet diese im Haus bei Bedarf nach.

1. Die Sorte 'Butterbrodt' kommt aus Russland und setzt zuverlässig viele zarte Hülsen an.

2. Von Borlottibohnen isst man die frisch ausgepalten Kerne.

3. Die Spaghettibohne braucht einen warmen Sommer, um zu gedeihen.

4. 'Blauhülsige Speck' ist eine anspruchslose Sorte und schmeckt gut. Man kann reichlich von ihr ernten.

SORTEN UND ARTEN FÜR DEN GARTEN

Es existieren mehrere Hundert Bohnen-Sorten. Hier stelle ich Ihnen besonders interessante Sorten vor:

— **'Blauhülsige Speck'** – eine robuste Sorte mit wohlschmeckenden blau-violetten Hülsen, die sich beim Kochen grün färben. Die jungen Hülsen sind zart und fadenlos. Diese Sorte gedeiht auch im Norden sehr gut.

— **'Butterbrodt'** – die ertragreiche Sorte aus Russland bringt flache grüne Hülsen hervor, die weinrot geflammt sind.

— **Spaghettibohne** – braucht warme Sommer, um im Freiland zu gedeihen. Die Hülsen werden bis zu 60 cm lang und schmecken etwas nussig.

— **'Borlotti'** kommt aus Italien. Hier werden die milchreifen Kerne gegessen. Das macht zwar ein bisschen Arbeit, schmeckt aber unglaublich lecker. Kein Vergleich mit dem Geschmack von eingeweichten Trockenbohnen! Aber natürlich lassen sich die Kerne der 'Borlotti' auch trocknen, falls man es nicht schafft, sie frisch aufzuessen. Ich ziehe es vor, sie einzufrieren!

Erbse

Erbsen gehören zu den ältesten menschlichen Kulturpflanzen und werden in Mitteleuropa seit der Jungsteinzeit angebaut. Dennoch sind Zuckererbsen, Markerbsen und die wunderhübschen Kapuzinererbsen kaum im Handel erhältlich und sollten wegen ihrem sehr feinen Geschmack in keinem Garten fehlen.

Erbsen *(Pisum sativum)* anzubauen ist nicht schwer. Da sie mit Hilfe von Knöllchenbakterien selbst Stickstoff aus der Luft sammeln, haben sie auch keine hohen Nährstoffansprüche.

AUSSAAT IM GARTEN

Erbsen werden im April mit einem Abstand von 3 bis 5 cm in der Reihe und 30 bis 40 cm zwischen den Reihen etwa 5 cm tief in den Boden gelegt. Der Boden sollte vorher gut gelockert werden. Falls gefräßige Tauben die Jungpflanzen aus dem Boden picken, hilft es, das Beet in der ersten Zeit mit einem Vogelschutznetz zu überspannen.

GUTE PFLEGE

Erbsen brauchen wenig Nahrung! Wenn das Beet im Vorjahr gut gedüngt wurde, reicht das aus. Die Pflanzen benötigen aber eine Rankhilfe: Hübsch sieht es aus, wenn Sie Reiser in die Erde stecken, es geht aber auch ein Maschendrahtzaun. In einem trockenen Frühjahr müssen Sie nach der Blüte regelmäßig gießen, damit viele Hülsen ansetzen.

RICHTIG ERNTEN

Markerbsen werden geerntet, wenn sich die Kerne prall in den Hülsen abzeichnen, diese aber noch nicht gelblich oder ledrig geworden sind. Zuckererbsen schmecken umso besser, je zarter sie sind. Frühe Ernte spornt die Pflanzen an, weitere Früchte zu produzieren.

SORTEN FÜR DEN GARTEN

Unter Markerbsen versteht man solche Sorten, bei denen die Kerne ausgepult verwendet werden. Frisch aus dem Garten schmecken diese unvergleichlich gut und sind besonders bei Kindern beliebt. 'Wunder von Kelvedon' ist eine altbekannte Sorte, die etwa 60 bis 80 cm hoch wird. Der

1

2

1. Die Sorte 'Blauwschokker' sieht mit ihren blauen Hülsen einfach klasse aus.

2. Bei Zuckererbsen isst man die Hülsen mit – das ist besonders lecker, wenn diese noch jung sind.

Die Spargelerbse ist hierzulande weitgehend unbekannt.

CHECKLISTE FÜR DEN ANBAU

- ☐ A IV E VI bis VIII
- ☐ Pflanzenabstand 5 × 40 cm
- ☐ kurze Standdauer – Folgekultur möglich
- ☐ verträgt auch kühleres Klima
- ☐ braucht eine Rankhilfe
- ☐ leichte Anfängerkultur
- ☐ Beet ✓ Hochbeet ♦ Kübel ✗

Ertrag ist groß und die Kerne schmecken süß. Ideal für den Frischverzehr. 'Blauwschokker' ist eine Kapuzinererbse mit blauen Hülsen. Sie sieht sehr hübsch aus und reift früh. Da sie hoch wird, benötigt sie entsprechend gute Stützen.
Zuckererbsen kann man wie Markerbsen verwenden. Der eigentliche Nutzen der Zuckererbsen besteht aber darin, dass man die unausgereiften Hülsen im Ganzen erntet und roh oder kurz gegart verzehrt. Besonders beliebt sind die Zuckerschoten in der asiatischen Küche. 'Früher Heinrich' ist eine bewährte, wohlschmeckende Zuckererbsen-Sorte.

IN DER KÜCHE

Markerbsen für eine ganze Mahlzeit auszupulen macht eine Menge Arbeit. Ich bevorzuge es, sie als Snack zwischendurch zu naschen. Lecker! Zuckererbsen hingegen bereichern jede Gemüsepfanne. Nur kurz mit garen, damit sie knackig bleiben!

WAS SIND SPARGELERBSEN?

Die Spargelerbse *(Tetragonolobus purpureus)* ist mit der bei uns bekannten Erbse weitläufig verwandt. In Mitteleuropa ist der Anbau wenig verbreitet, obwohl er unkompliziert ist. Die Pflanze wird ebenso kultiviert wie unsere Gartenerbse *(Pisum sativum)*, nur rankt sie nicht selbstständig, sondern muss aufgebunden werden. Die hübschen roten Blüten machen sich auch gut im Staudenbeet.
Die Hülsen gelten in Asien als Delikatesse und sind dort eine verbreitete Zutat für Wokgemüse und andere Gemüsegerichte.
Sie werden geerntet, sobald sie etwa 3 bis 5 cm groß sind. Später werden sie strohig. Regelmäßiges Durchpflücken erhöht den Ertrag. In der Küche verwendet man Spargelerbsen ähnlich wie Zuckererbsen, nämlich als ganze Hülse gebraten oder gedünstet. Kurz in Salzwasser gegart und mit Butter und Salz serviert, kommt der feine Geschmack besonders zur Geltung.

Gurke

Bei uns sind außer der im Handel dominanten dunkelgrünen Salatgurke noch Einlegegurken und Schmorgurken bekannt. Dabei gibt es jede Menge attraktiver, exotischer Sorten wie die Zitronengurke, die Sikkim-Gurke oder die Kiwano, die man auch hierzulande erfolgreich kultivieren kann.

Gurken *(Cucumis sativus)* kommen ursprünglich aus dem Himalaya-Raum. Unsere Gartengurken sind eng mit der Melone verwandt.

ANZUCHT UND PFLANZUNG

Die kriechenden und je nach Sorte auch rankenden Gurken sind sehr wärme- und nährstoffbedürftig. Sie finden im Garten am besten einen Platz an einer windgeschützten, sonnigen Stelle, aber sie vertragen auch kürzere schattige Abschnitte während des Tages.
Da die Pflanzen keine Kälte mögen, sollten sie ab Mitte April im Haus vorgezogen und erst nach den Eisheiligen ausgepflanzt werden. In warmen Gegenden können Sie ab Mitte Mai auch direkt ins Beet säen.
Gurken lieben einen gut gelockerten Boden, der gerne mit etwas organischem Material durchsetzt sein darf, denn die Wurzeln haben einen hohen Sauerstoffbedarf.

GUTE PFLEGE

Die hungrigen Pflanzen werden zum ersten Mal gedüngt, wenn sie drei oder vier normale Blätter entwickelt haben. Ältere Gurken-Sorten regt man bald darauf zu buschigem Wachstum und höherem Ertrag an, indem man die Triebspitzen abknipst – es sollten zwei bis drei Blätter stehen bleiben. Bei neueren Züchtungen ist das Entspitzen nicht mehr notwendig. Gerade in den ersten Wochen schätzen es Gurken draußen im Beet noch sehr, wenn sie unter Folie oder Vlies wachsen können. Kommen die ersten Blüten, sollte man den Schutz abnehmen, damit die Befruchtung stattfinden kann. Ebenso wichtig

GUTE GURKENPLÄTZE

Gurkenpflanzen gedeihen gut auf einem kleinen Wall mit lockerer Erde. Zum Ranken eignet sich ein Maschendrahtzaun oder Sie binden die Triebe an Stäben hoch.

Es gibt eine große Vielfalt bei den Gurken – hier sind neben einer Zucchini noch eine Salatgurke, Weiße Gurken, eine Schmorgurke und eine Melonengurke zu sehen.

TIPP

Bis Gurkenpflanzen richtig in die Gänge kommen, können Sie schnelle Gemüse wie Radieschen oder Salat zwischen die Gurkensetzlinge pflanzen. Da Gurken viel Platz brauchen, können Sie diesen doppelt nutzen.

wie das Düngen ist es, die Gurken regelmäßig zu wässern. Sie schätzen feuchten Boden, aber keine Staunässe. Das Gießwasser sollte auf die Umgebungstemperatur temperiert sein. Auf kaltes Wasser reagieren manche Gurken-Sorten, indem sie bitter werden. Aber auch anhaltende Trockenheit führt zum Entstehen von Bitterstoffen. Am besten gießen Sie morgens und halten das Gurkenbeet gleichmäßig feucht.
Wenn Sie viel Platz haben, können Sie die Gurkenranken auf dem Boden kriechen lassen, ist der Platz begrenzt, lassen Sie die Triebe an einem Gitter klettern oder binden sie an Stäben auf. In großen Kübeln gelingt auch die Kultur auf Balkon oder Terrasse.

RICHTIG ERNTEN

Im Prinzip kann man Gurken jederzeit ernten – je kleiner, desto zarter und knackiger sind die Früchte. Eine frühe und regelmäßige Ernte fördert die Blüte und damit die Entwicklung weiterer Früchte. Zum Ernten schneiden Sie die Gurken am Stiel mit einem Messer ab.

IN DER KÜCHE

Als Rohkost geht Gurke eigentlich immer. Ein leckerer Gurkensalat lässt sich aus dünn gehobelten Gurken-

Gurken können Sie ganz nach Ihrem Geschmack mit Dill oder anderen Gewürzen einlegen. Ich mag es leicht scharf mit einer Chili dabei.

scheiben, angemacht mit Zitronensaft, etwas Zucker, Salz, Öl und mit Dill gewürzt herstellen. Zu Grillfleisch und auch sonst schmeckt Zaziki, das ist Joghurt mit Knoblauch, unter den abgetropfte, fein geriebene Gurke gerührt wird. Gurken können ebenso gegart oder geschmort werden – dafür eignen sich gut ausgereifte Früchte besser. Schmorgurken sollten vor der Zubereitung geschält werden.
Halbierte und von den Kernen befreite Gurken können Sie mit Hackfleisch und Schafskäse überbacken. Ein bis zwei Gurkenscheiben in der Wasserkaraffe sorgen für ein frisches Aroma.

CHECKLISTE FÜR DEN ANBAU

- ☐ A IV bis V P V bis VI E VII bis X
- ☐ Pflanzenabstand 40 × 100 cm
- ☐ braucht sehr lockeren Boden
- ☐ liebt feuchte Wärme
- ☐ braucht ggf. eine Rankhilfe
- ☐ Beet ✓ Hochbeet ✓ Kübel ♦

1

2

1. Die Kiwano ist hierzulande eher als exotisches Obst bekannt. Sie kann einen hohen Ertrag bringen!

2. Zitronengurken heißen wegen ihrer Form und Farbe wie die Zitrusfrucht. Der Geschmack ist ganz normal gurkig.

SORTEN UND ARTEN FÜR DEN GARTEN

Kiwano, auch Horngurke genannt, *(Cucumis metuliferus)* kennen Sie vielleicht als Obst. Die zackigen Früchte mit den vielen Kernen schmecken süßlich erfrischend. Die Pflanze braucht einen geschützten Platz. In warmen Regionen kann der Freilandanbau gelingen, auf der sicheren Seite sind Sie mit einem Platz im Gewächshaus oder Folientunnel. Wenn die Pflanzen sich wohlfühlen, werden sie zu einem enormen Dickicht und wuchern ihre Umgebung zu. Der Ertrag von einer einzigen Pflanze kann dann bei mehreren Kilos liegen. Die Früchte werden am Ende der Vegetationszeit geerntet. Grüne Exemplare reifen bei Zimmertemperatur nach und halten sich einige Wochen lang.

Die **Zitronengurke** *(Cucumis sativus)* ist vermutlich zuerst in Russland gezüchtet worden. Sie sorgt mit ihrer kräftig gelben Schale und ihrer rundlichen Form für Abwechslung im Gemüsebeet. Gut fürs Freiland geeignet. Sie sollte nur jung verzehrt werden, denn sie schmeckt später wattig.

Wenn Sie die Früchte der Weißen Gurke jung ernten, setzt die Pflanze rasch wieder neue Blüten an und Sie erzielen eine gute Ernte.

Weiße Gurken wie die 'White Wonder' *(Cucumis sativus)* eignen sich gut zum Freilandanbau und gedeihen auch im Kübel. Jung geerntet sind sie klein und knackig – ideal für die Brotdose. Später färben sie sich gelb und eignen sich dann zum Einlegen oder Schmoren.

'Sikkim' *(Cucumis sativus)* ist eine Sorte aus Indien mit anfangs dunkelgrünen Früchten, die sich mit zunehmender Reife verfärben – die Haut wird rissig und braun. Diese Indische Netzgurke ist sehr aromatisch und lange lagerfähig. Gute Schmorgurke. Gedeiht auch in Norddeutschland sicher.

Die Sikkim-Gurke sieht sehr interessant aus. Jung schmeckt sie roh und als Salatgurke gut.

Inkagurke

Die Inkagurke wird auch Hörnchenkürbis genannt. Sie ist eine einjährige stark rankende Pflanze, die aus Mittelamerika stammt. Hierzulande kann man sie ebenfalls ohne Problem erfolgreich kultivieren.

Inkagurken *(Cyclanthera pedata)* eignen sich bestens, um Zäune oder Sichtschutzwände zu begrünen. Sie sind sehr robust und wachsen nahezu von selbst.

ANZUCHT UND PFLANZUNG

Ab Ende März sollte die Inkagurke am Fensterbrett vorgezogen werden. Ausgepflanzt wird sie nach den Eisheiligen. Sie bevorzugt einen sonnigen und warmen Platz im Garten sowie einen nährstoffreichen Boden. Jungpflanzen sollten durch einen Schneckenkragen geschützt werden. Wenn sie erst einmal gut eingewurzelt sind, werden sie sehr wüchsig und klettern fleißig an allem hoch, was sich bietet. Der Abstand zwischen den einzelnen Pflanzen sollte mindestens 1 m betragen. Da die Pflanzen ziemlich wuchern, sind sie für die Kultur im Kübel nicht so geeignet.

GUTE PFLEGE

Achten Sie darauf, Ihre Inkagurke regelmäßig zu wässern und düngen Sie im Laufe der Vegetationszeit öfter mal nach. Ansonsten sind die Pflanzen robust und wachsen quasi von selbst.

1

2

1. Inkagürkchen geschmort mit Hackfleisch und buntem Gemüse

2. Die stacheligen, kleinen Früchte sind auch eine hübsche Dekoration für einen sommerlichen Esstisch.

1. Inkagurken klettern an Sichtschutzwänden oder Maschendrahtzäunen bis zu 3 m hoch.

2. Je öfter Sie die Früchte ernten, desto mehr neue Blüten entwickeln sich.

RICHTIG ERNTEN

Die Früchte entwickeln sich zunächst unscheinbar in den Blattachseln. Wenn die Früchte etwa 2 cm groß sind, können sie jederzeit gepflückt werden, es bilden sich rasch neue Minigürkchen. Werden sie etwa daumengroß, sind sie nicht mehr so knackig und eignen sich eher zum Garen oder Einmachen. Ansonsten schmecken sie roh am besten.

SORTEN FÜR DEN GARTEN

Von Inkagurken sind keine verschiedenen Sorten im Handel. Saatgut können Sie selbst gewinnen, wenn Sie einige Früchte soweit reif werden lassen, dass die darin enthaltenen Samen hart und schwarz geworden sind – probieren Sie es aus!

CHECKLISTE FÜR DEN ANBAU

- ☐ A III bis IV P V E VII bis IX
- ☐ Pflanzenabstand 100 × 40 cm
- ☐ hoher Platzbedarf
- ☐ lange Standzeit
- ☐ braucht eine Rankhilfe
- ☐ Beet ✓ Hochbeet ✗ Kübel ✗

IN DER KÜCHE

Größere Früchte werden aufgeschnitten, das etwas wattige Innere kratzen Sie dann mit einem Löffel aus. Entweder kommt der Rest nun in eine Gemüsepfanne oder aber Sie füllen die kleinen Minigurkenschiffchen mit Hackfleisch und schmoren sie auf diese Weise. Man kann sie auch wie Gewürzgurken einlegen oder mit Chili und Gewürzen zu einem Chutney verarbeiten.

Mexikanische Minigurke

Aus dem tropischen Mittelamerika stammt die Mexikanische Minigurke, auch Melothria genannt. Die zarten Pflanzen erreichen rankend eine Höhe von bis zu 3 m und bilden niedliche kleine Früchte aus, die wie Wassermelonen en miniature aussehen. Ein richtiger Hingucker!

1

ERNTEZEIT

Die Minigurken sehen aus wie winzige Wassermelonen. Am besten schmecken sie, wenn sie ca. 2 cm groß sind. Werden sie größer, wird die Schale härter.

Mexikanische Minigurken *(Melothria scabra)* kann man wie andere Gurken auch einlegen. Aber ich finde sie dafür viel zu schade.

ANZUCHT UND PFLANZUNG

Die Mexikanische Minigurke benötigt viel Wärme, deshalb sollte sie im Haus vorgezogen werden. Säen Sie Ende März in kleine Töpfchen und pflanzen Sie nach dem letzten Frost aus. Im Gegensatz zu vielen anderen Pflanzen mag es Melothria nicht, pikiert zu werden. Da der Übergang vom Topf ins Freiland nicht von allen Pfanzenkindern erfolgreich gemeistert wird, empfehle ich, ein paar mehr Pflanzen vorzuziehen, als endgültig gewünscht sind.
Wählen Sie draußen einen sonnigen windgeschützten Standort mit humosem Boden. Die Pflanze braucht eine Rankhilfe – besonders hübsch bedecken ihre zierlichen Ranken Sichtschutzwände. Manchmal dauert es etwas, bis die Pflanzen in Gang kommen – dann aber sind sie wuchsfreudig. Die Kultur im Kübel ist möglich.

GUTE PFLEGE

Solange die Pflanzen noch klein sind, entfernen Sie konkurrierende Unkräuter. Ein Schneckenkragen ist in Gärten mit hohem Schneckenbesatz hilfreich. Melothria wünschen sich einen gleichmäßig feuchten Boden und regelmäßige Düngergaben.

RICHTIG ERNTEN

Nachdem die Pflanzen im Juli winzig kleine gelbe Blüten bekommen haben,

CHECKLISTE FÜR DEN ANBAU

- ☐ A III bis IV P V bis VI
  E VIII bis IX
- ☐ Pflanzenabstand 40 × 60 cm
- ☐ wärmeliebend
- ☐ braucht eine Rankhilfe
- ☐ Beet ✓ Hochbeet ♦ Kübel ♦

entwickeln sich die Früchte spätestens ab Anfang August, manchmal auch früher. Pflücken Sie regelmäßig durch und nehmen Sie alle Früchte ab, die etwa 2 bis 3 cm groß sind. Dann schmecken sie am besten und die Pflanze wird angeregt, weitere Minigürkchen zu produzieren.

IN DER KÜCHE

Die niedlichen kleinen Früchte mit dem säuerlich gurkigen Geschmack sind der Star in jeder Pausenbrot-Dose. Schulfreunde und Arbeitskolleginnen werden große Augen machen, probieren wollen und dann schon dafür sorgen, dass zum Einkochen nichts übrig bleibt. Die Minigürkchen machen sich auch gut in einem gemischten sommerlichen Salat – dazu am besten quer aufschneiden.

2

1. Als Jungpflanzen kümmern Minigurken oft ein wenig vor sich hin. Haben sie aber erstmal Fahrt aufgenommen, wachsen sie zuverlässig.

2. Die Früchte sind ein echter Hingucker!

Okra

Die Okra stammt aus dem nordöstlichen Afrika und hat sich vor dort ins Mittelmeergebiet ausgebreitet. Der Anbau lohnt im Weinbauklima oder im Gewächshaus, denn die Kulturen mögen Wärme noch lieber als Paprika oder Aubergine.

Okra *(Abelmoschus esculentus)* erinnern im Geschmack am ehesten an grüne Bohnen. Ihre pflanzlichen Schleimstoffe helfen die Darmflora zu regenerieren.

ANZUCHT UND PFLANZUNG

Aufgrund der nur kurzen warmen Zeit in Mitteleuropa muss die Okra vorgezogen werden. Zum Keimen benötigt sie einen warmen Platz mit ca. 25 °C, zum Beispiel auf einer Heizmatte. Am besten säen Sie bereits im März in kleine Töpfe und kultivieren die Pflanzenbabys an einem Südfenster. Ausgepflanzt wird erst Ende Mai oder besser Anfang Juni. Ein Folientunnel schafft bessere Bedingungen. Im Gewächshaus können Sie einen Monat eher beginnen. Die Pflanzen benötigen ca. 50 cm Platz und können bei guten Bedingungen 1,50 m hoch werden. Kübelpflanzung ist günstig, da sich im Topf auch der Wurzelbereich stärker erwärmt.

GUTE PFLEGE

In kalten Nächten sollten Sie die Okra-Pflanzen mit einem Vlies abdecken. An Sonne können die Pflanzen kaum genug bekommen, also brauchen sie auch viel Wasser. Düngen Sie mit einem Gemüsedünger für fruchtbildende Pflanzen. Sobald das Höhenwachstum einsetzt, stecken Sie einen Stab in den Boden und binden die Pflanze auf.

RICHTIG ERNTEN

Spätestens wenn die Früchte fingergroß sind, sollten sie geerntet werden. Indem Sie regelmäßig pflücken, regen Sie die Bildung weiterer Blüten an.

IN DER KÜCHE

Man kann Okra roh verzehren, zum Beispiel in einem bunten Salat. Beim Kochen sondern Okra etwas Schleim ab, das ist normal und dient zugleich zum Eindicken des Gemüsegerichts. Dazu passen Zwiebeln, Paprika und Hackfleisch gut.

SORTEN FÜR DEN GARTEN

— **'Alabama Okra'** hat hübsche rot-grüne Früchte und gilt als robust.
— **'Burgundy Red'** ist eine alte Sorte mit sehr dekorativen, weinroten Früchten.
— **'Santa Cruz'** ist eine eher unscheinbare grüne Sorte, die aber im Freilandversuch der Lehr- und Versuchsanstalt für Gartenbau (LVG) Heidelberg den höchsten Ertrag gebracht hat.

CHECKLISTE FÜR DEN ANBAU

- ☐ A II bis III P V bis VI
  E VII bis X
- ☐ Pflanzenabstand 50 × 60 cm
- ☐ sehr wärmeliebend
- ☐ braucht ggf. Stütze
- ☐ Beet ♦ Hochbeet ✓ Kübel ✓

1. Okra werden auch Ladyfinger genannt – sie sollten bei der Ernte etwa fingergroß sein.

2. Die hübschen Pflanzen gedeihen hierzulande am besten im Gewächshaus, denn sie benötigen sehr viel Wärme.

1

2

TIPP

Kaufen Sie ein paar vorgezogene Okra-Pflanzen und experimentieren Sie mit verschiedenen Standorten, z. B. auf der Terrasse und im Hochbeet. Dann wissen Sie im Folgejahr, ob Ihre klimatischen Bedingungen für die Kultur ausreichen.

Paprika und Chili

Die Verwendung von Paprika und Chili kann sehr unterschiedlich sein, in ihren Kulturansprüchen sind die Pflanzen jedoch gleich. Mir bringt die enorme Sortenvielfalt unheimlich viel Spaß!

Paprika und Co. *(Capsicum)* stammen aus dem tropischen Mittelamerika. Dort wachsen sie als mehrjährige Büsche. In Mitteleuropa werden die wärme- und sonnenhungrigen Pflanzen in der Regel einjährig gezogen. Botanisch gelten Paprika als Beeren, gemeinhin spricht man allerdings von Paprika- bzw. Chilischoten.

ANZUCHT UND PFLANZUNG

Damit Paprika und Chili auch im kühleren Klima ausreifen, müssen sie bereits ab Februar oder März auf dem Fensterbrett oder im Gewächshaus vorgezogen werden. Ein warmer Platz ist notwendig, die optimale Keimtemperatur liegt bei 25 °C. Wenn die Pflänzchen die ersten richtigen Blätter nach den Keimblättern ausgebildet haben, können sie in einzelne Töpfe mit einem Durchmesser von mindestens 10 cm umgepflanzt werden. Sie brauchen viel Licht, man kann sie auch unter Leuchtstoffröhren aufziehen.

Früh ausgesäte Pflanzen setzen oft schon erste Blüten an, bevor sie ausgepflanzt worden sind. Wenn Sie diese ausbrechen, geht mehr Energie in die Blattbildung, die Pflanze kann dann später mehr und größere Früchte versorgen.

Ab Mitte Mai können die zuvor abgehärteten Pflanzen nach draußen. Der wärmste und sonnigste Platz ist gerade recht. Ein Vlies- oder Folientunnel fördert die Entwicklung der Pflanzen. Paprika und Chili sind Starkzehrer, daher tun ihnen ein paar Handvoll Kompost im Pflanzloch gut. Die Pflanzen danken es, wenn

TIPP

Einen höheren Ertrag erreichen Sie, wenn Sie die ersten Blütenknospen ausbrechen. Dann investiert die Pflanze erstmal in ihr eigenes Wachstum – und kann später mehr Früchte hervorbringen.

Viele Paprika- und Chilifrüchte sind zunächst grün gefärbt, bevor sie rot werden. Dann sind sie in der Regel aromatischer und süßer.

man den Boden zu ihren Füßen mit einer dünnen Schicht Grasschnitt mulcht.
Auf dem Beet benötigen Paprika einen Pflanzenabstand von 40 × 50 cm, sehr groß wachsende Sorten sogar 50 × 60 cm. In windigen Lagen müssen die Pflanzen an einen Stock gebunden werden.
Chili und klein bleibende Paprika-Sorten eignen sich sehr gut für die Kultur in Kübeln, die mindestens 5 Liter Erde fassen sollten. Den Pflanzen behagen die „warmen Füße". Frost vertragen sie nicht. Kübelpflanzen können im Spätherbst ins Haus genommen werden.

GUTE PFLEGE

Halten Sie den „Fußraum" der Pflanzen von konkurrierenden Unkräutern frei. Düngen Sie im Verlauf der Vegetationszeit mit Gemüse- oder Tomatendünger nach, vor allem dann, wenn die Blätter beginnen hellgrün zu werden. Bekommen die Pflanzen Läuse, was in trockenen Sommern passieren kann, spritzen Sie mit einer Mischung aus Wasser und Rapsöl (10 : 1) mit einem Schuss Spülmittel.

RICHTIG ERNTEN

Paprika und Chili bilden zunächst grüne Früchte, die sich beim weiteren Reifen gelb oder rot färben. Es gibt auch Sorten, die zunächst schwarz oder gelb sind. Sie können bereits unreif geerntet werden, das zeitige Durchpflücken erhöht den Ertrag, da es die Pflanzen zur weiteren Blütenbildung anregt. Allerdings sind Aroma und Vitamingehalt bei vollständig

EIGENES SAATGUT

Paprika und Chili können leicht vermehrt werden. Dazu müssen nur die Samen aus den reifen Schoten genommen und getrocknet werden. Wer mehrere Sorten Chili und/oder Paprika anbaut, muss aufpassen, dass sie sich nicht verkreuzen. Die Schärfe ist meist dominant, was bei Paprika nicht erwünscht ist. Gegen Verkreuzung hilft es meist schon, wenn die Pflanzen einen Abstand von einigen Metern zueinander aufgestellt sind. Der Samen ist ungefähr drei Jahre keimfähig, im Gefrierschrank noch länger.

Paprikapflanzen benötigen einen Stützstab, damit sie bei starkem Wind nicht umknicken.

ausgereiften Früchten besser. Je nach Sorte können die ersten Früchte im Juli geerntet werden. Die Ernte erstreckt sich bis in den Herbst.

IN DER KÜCHE

Reife Paprika schmecken fruchtig-süß und werden roh besonders gerne von Kindern gegessen. Gegart werden Paprika zur Erhaltung des Aromas nicht in Wasser, sondern in etwas Pflanzenöl. Dazu passen klein gehackte Zwiebeln, Tomaten oder Zucchini. Paprika sind leichter verdaulich, wenn man sie häutet. Dazu muss man sie rundum in heißem Fett anbraten, die Haut wird dunkel und blasig, dann kann man sie leicht abziehen.

Das prominenteste Merkmal einer Chili in der Küche ist die Schärfe, die übrigens nur von Säugetieren, nicht aber von Vögeln und Insekten wahrgenommen wird. „Chili-Anfänger“ können daneben

CHECKLISTE FÜR DEN ANBAU

- ☐ A II bis III P V E VII bis XI
- ☐ Pflanzenabstand 50 × 60 cm
- ☐ lange Standzeit
- ☐ sehr wärmebedürftig und lichthungrig – gedeiht gut hinter Glas
- ☐ braucht ggf. Stütze
- ☐ Beet ✓ Hochbeet ✓ Kübel ✓✓

1. Schwarze Paprika färben sich meist in Dunkelrot oder Braun um, wenn sie reif sind. Die Sorte 'Nocturne' schmeckt süß-aromatisch.

2. Die früh reifende Sorte 'Ferenc Tender' bringt zuverlässig eine üppige Paprikaernte hervor.

1

2

selten noch weitere Geschmacksunterschiede zwischen den vielen Sorten wahrnehmen. Mit ein bisschen Übung werden jedoch die würzigen, fruchtigen und herben Geschmacksrichtungen deutlich unterscheidbar. Wenn man die Kerne und die Samenscheidewände im Inneren der Früchte entfernt, lässt sich die Schärfe reduzieren. Bei der Verarbeitung von schärferen Chili-Sorten sollte man Handschuhe tragen und sehr gut aufpassen, dass man nicht mit Schleimhäuten oder Augen in Berührung kommt.

PAPRIKA-SORTEN

Es gibt unzählige Paprika-Sorten *(Capsicum annuum)*, die häufig den regionalen Anbaubedingungen angepasst sind. Für den Anbau in kühleren Regionen eignen sich eher die dünnwandigen Sorten, oftmals sind dies Züchtungen aus Ungarn oder Russland. Dazu gehören:

— **'Ferenc Tender'** – die Früchte werden erst gelb und später rot. Mittel- bis dickwandig, Früchte bis zu 100 g.
— **'Roter Augsburger'** – kleinfruchtige Paprika, Früchte unter 50 g. Unkompliziert im Anbau.
— **'Feher'** aus Ungarn – reift früh und kommt auch in Norddeutschland noch zum Ertrag. Keilförmig, eher dünnwandig.
— **'Sweet Chocolate'** – eine alte Sorte mit länglichen, eckigen Früchten. Diese sind zunächst dunkelgrün, werden dann im Verlauf der Reife schokoladenbraun und schließlich rot.
— **'Pantos'** ist eine starkwüchsige zuverlässige Sorte mit leckeren Früchten. Reift eher spät.
— **'Tschechischer Ziegenhorn'** – bildet länglich spitze Früchte, die leicht scharf sind. Sie reifen zuverlässig auch im kälteren Klima und sind ebenfalls zum Einmachen geeignet.

1

2

1. Habaneros sind extrem scharf. Wer sich daran gewöhnt hat, kann auch das als „tropisch-fruchtig" beschriebene Aroma der etwa 5 bis 6 cm großen Früchte schmecken. Die Pflanzen werden bis zu 1 m hoch.

2. Die Sorte 'Tschechisches Ziegenhorn' ist einigermaßen kältetolerant. Sie entwickelt längliche mildscharfe Früchte, die auch von Chili-Anfängern gut vertragen werden.

— **'Snackpaprika'** – ein Sammelbegriff für kleinfruchtige Sorten, die in der Regel früh reifen und süß schmecken. Sie eignen sich besonders für die Kultur in Kübeln.

CHILI-SORTEN

Noch größer als die Paprikavielfalt ist die der Chili. Nicht alle gehören zur großen Gruppe der *Capsicum annuum*, einige zählen zu den Glockenpaprika *(Capsicum baccatum)* wie die fruchtige Sorte 'Lemon Drop' oder zu den Chinesischen Paprika *(Capsicum chinense)*, die extrem scharfe Früchte bilden, wie zum Beispiel den 'Habanero'. Zu den *Capsicum frutescens* gehört die weltweit bekannte Chili-Sorte 'Tabasco', nach der eine Gewürzsoße benannt wurde. Hierzulande wenig bekannt sind die auch als Baumpaprika bezeichneten *Capsicum pubescens*, die sich am besten für die Haltung als mehrjährige Kübelpflanze eignen.

Chili werden nach Schärfegrad klassifiziert. Dabei handelt es sich nicht um eine lineare Einteilung, denn der Schärfegrad 10 ist nicht zehnmal so stark wie Schärfegrad 1, sondern um ein Vielfaches stärker – deutlicher zu erkennen ist dies an den Scoville-Einheiten.

Auch im kühlen Klima zuverlässig gedeiht der ziemlich scharfe 'Sibirische Hauspaprika', der sich auch auf der Fensterbank ziehen lässt. Zuverlässig und sehr aromatisch ist die mittelscharfe 'Criolla Sella' mit ihren leuchtend orangen Früchten. Ausgesprochen zierend ist die 'Bolivian Rainbow', deren Früchte während der Reifung unterschiedlich gefärbt sind. Wer nur wenig Schärfe verträgt ist mit 'Anaheim' gut beraten.

'Bolivian Rainbow' werden mittelscharf und haben kein ausgeprägtes Aroma – dafür sind sie aber mit den vielen bunten Früchten sehr dekorativ.

Die Chili 'Lila Lucy' bildet zunächst violette Früchte aus, die sich dann über verschiedene Schattierungen nach Rot hin umfärben.

Physalis

Zu den bekannten essbaren Physalis-Arten gehören die Kap stachelbeere (auch Andenbeere oder nur Physalis genannt), die Ananaskirsche und die Tomatillo. Während die beiden ersten Arten süße Früchte entwickeln, schmecken Tomatillo säuerlich und werden für Salsas verwendet.

Physalis haben ihren Ursprung in Mittel- und Südamerika. Zur selben Gattung gehört auch die dekorative Lampionblume *(Physalis alkekengi)*, deren Früchte jedoch giftig sind!

ANZUCHT UND PFLANZUNG

Physalis-Arten haben ähnliche Ansprüche wie Tomaten. Die Pflanzen sollten im Februar bis Anfang März im Haus vorgezogen werden, sie benötigen dazu einen mindestens 20 °C warmen Platz, besser sind 25 °C. Die Jungpflanzen keimen nach ca. zwei Wochen. Sie sollten pikiert werden, sobald sich das erste richtige Blattpaar entwickelt. Erst nach den Eisheiligen werden sie draußen ausgepflanzt. Dabei setzen Sie die Pflanzen etwas tiefer, dann bilden sie mehr Wurzeln aus. Sie schätzen einen sonnigen und eher windgeschützten Standort. Während Tomatillo und Kapstachelbeere sich zu größeren Büschen entwickeln, die am Ende der Vegetationszeit einen guten Quadratmeter Platz für sich beanspruchen, bleibt die Ananaskirsche deutlich kleiner und ist deshalb auch gut für die Kultur im Kübel geeignet. Sie sollten Physalis nicht dort pflanzen, wo im Vorjahr andere Nachtschattengewächse wie Kartoffeln, Tomaten oder Paprika gestanden haben, da sie zur gleichen Pflanzenfamilie gehören.

GUTE PFLEGE

Sobald die Pflanzen etwas größer geworden sind, ist das Aufbinden an einem Stab (insbesondere im Kübel) hilfreich. Im Laufe der Vegetationszeit schätzen sie leichte Düngergaben. Bei der Kapstachelbeere und der Tomatillo können Sie Triebspitzen abkneifen, um eine stärkere Verzweigung der Pflanzen zu fördern. Damit die Physalis bei einem frühen, ersten Nachtfrost nicht abstirbt, können Sie die Pflanze bei entsprechenden Wettervorhersagen mit einer Decke oder einem doppelt genommenen

1

2

Vlies schützen. Dadurch erhöhen Sie die Erntemenge beträchtlich, mit der es aber erst im Oktober so richtig los geht!

1. Die kleinen Blüten der Andenbeere sind gelb mit dunkelbraunen Flecken.

2. Die zunächst grünen Lampions werden zur Erntezeit hin gelb und trocken.

RICHTIG ERNTEN

Bei der Ananaskirsche ist die Ernte einfach: Sie warten, bis die Pflanze die reifen Früchte abwirft. Das ist bereits im August der Fall. Bei Tomatillos erkennen Sie die Reife daran, dass die Früchte ihre Hülle sprengen (und dann auch bald abfallen, wenn sie nicht gepflückt werden). Das ist je nach Sorte meist ab September der Fall. Bei der Kapstachelbeere können Sie auch ab September nach reifen Früchten gucken. Sie erkennen sie daran, dass die Hülle vertrocknet und sich braun färbt. Die Früchte selbst verfärben sich von Grün in ein leuchtendes Orange. Dann schmecken sie süß und aromatisch. Unreife Früchte sind schwer verträglich und sollten nicht verzehrt werden. Der größte Teil der Kapstachelbeeren reift in der Regel erst im Oktober und Sie können dann bis in den November hinein ernten, sofern Ihre Pflanzen von Frost verschont bleiben. Eine leichte Nachreife ist nur bei bereits gelben Früchten möglich.

IN DER KÜCHE

Ananaskirsche und Kapstachelbeere sind in erster Linie Naschfrüchte. Man muss bloß die papierne Hülle entfernen und kann sie dann genießen. Sie eignen sich super als Dekoration für Salate oder auf

Die Früchte der Ananaskirsche ähneln der Andenbeere sehr, sie sind aber deutlich kleiner und fallen einfach von selbst ab, wenn sie reif sind.

TIPP

Sie können die Physalis-Pflanzen im Sommer durch Stecklinge vermehren und diese in einem Topf an einem kühlen hellen Platz im Haus überwintern. Die zweijährigen Pflanzen bilden dann früher im Jahr Früchte aus und bringen auch einen höheren Ertrag.

Torten. Kurz in geschmolzene Schokolade getaucht, ergeben sie leckere frische Pralines – auch ein schönes Mitbringsel.
Die Tomatillo hingegen eignet sich nicht für den unmittelbaren Verzehr. Sie können gegrillt als Gemüse serviert werden oder aber in gegartem Zustand zu der beliebten mexikanischen „Salsa verde" verarbeitet werden.

SORTEN FÜR DEN GARTEN

Die Ananaskirsche ist bisweilen auch unter der Bezeichnung „Erdkirsche" im Handel. Es handelt sich dabei um die kleinwüchsige und früh reifende *Physalis pruinosa*.
Von der Kapstachelbeere *(Physalis peruviana)* gibt es Saatgut mit unterschiedlichen Sortennamen, deren Eigenschaften sich aber kaum unterscheiden.
Anderes ist es bei der Tomatillo *(Physalis philadelphica)*. Hier gibt es Sorten mit grünen Früchten und solche, die bei der Reife violett werden. Die Tomatillo 'Verte' ist eine frühe Sorte, die auch bei uns ausreift.

1

1. Die Hülle reifer Andenbeeren knistert beim Öffnen.

2. Tomatillo können bis zu apfelgroß werden. Die Haut unter der Hülle fühlt sich ein wenig klebrig an.

3. Eine Salsa Verde passt gut zu Grillfleisch.

2

3

SALSA VERDE
– REZEPT FÜR 4 PERSONEN –

— eine Handvoll Tomatillo (ca. 300 g)
— 1 kleine Zwiebel
— 1 Jalapeno, grün
— 1 Knoblauchzehe
— 1 Limone
— etwas Salz, Zucker
— frischer Koriander oder Basilikum

Halbe Limone auspressen und den Saft in einen Topf geben. Die Tomatillo mit der fein gehackten Zwiebel und der ebenfalls gehackten Jalapeno darin ca. 10 Minuten weich dünsten. Den restlichen Saft, eine zerdrückte Knoblauchzehe, eine Prise Salz und ca. 1 TL Zucker dazugeben. Je nach Geschmack gehackten Koriander (mag nicht jeder!) oder Basilikum dazu und dann etwas anpürieren, so dass noch kleine Stücke bleiben. Fertig! Schmeckt super zu Hähnchen oder mit Frischkäse zu Weißbrot.

CHECKLISTE FÜR DEN ANBAU

- ☐ A II bis III P V E VIII bis XI
- ☐ Pflanzenabstand 50 × 70 cm
- ☐ hoher Platzbedarf
- ☐ lange Standzeit – zweijährig
- ☐ wärmeliebend
- ☐ braucht ggf. Stütze
- ☐ robust
- ☐ Beet ✓✓ Hochbeet ✓ Kübel ♦

Tomate

Es gibt wohl kein anderes Gemüse mit einer solchen Vielfalt wie Tomaten. Von murmelgroß bis zu einem Kilo schwer, in Weiß, Gelb, Grün, Orange, Rot und Braun, länglich oder kugelrund, saftig oder fleischig, süß oder sauer, hart oder weich.

Tomaten *(Lycopersicum esculentum)* stammen ursprünglich aus Süd- und Mittelamerika und kamen mit Kolumbus gegen Ende des 15. Jahrhunderts nach Europa. Dort betrachtete man die Pflanze, die den Nachtschattengewächsen zuzuordnen ist, zunächst mit Argwohn. Denn sie gehört in dieselbe Pflanzenfamilie wie die einheimische Tollkirsche und der Stechapfel – beides Giftpflanzen und „Hexengewächse". So dauerte es noch eine Weile, bis die Tomate Eingang in die europäische Küche gefunden hat. Als erstes haben sich die Italiener an den Verzehr herangetraut und rasch Gefallen an der saftigen Frucht gefunden. Im 18. Jahrhundert wurden Tomaten dort bereits feldmäßig angebaut. Andere Mittelmeerländer taten es dem italienischen Beispiel nach. In Deutschland hingegen dauerte es noch bis zum Ende des 19. Jahrhunderts, bis von Süd nach Nord fortschreitend Tomaten als Lebensmittel akzeptiert wurden. Im 20. Jahrhundert begann die Tomate ihren Siegeszug über die ganze Welt. Die Zahl der samenfesten Sorten weltweit wird auf bis zu 35.000 geschätzt.

ANZUCHT UND PFLANZUNG

Der Anbau von Tomaten ist einfach. Sie können Jungpflanzen selbst aus Saatgut vorziehen (dann haben Sie eine größere Sortenauswahl) oder in Gärtnereien, Gartencentern, auf Gartenmärkten oder im Online-Handel kaufen.
Der ideale Zeitpunkt für die Aussaat ist Mitte März. Gesät wird in Saatschalen oder kleine Töpfchen. Die günstigste Keimtemperatur liegt bei etwa 20 bis 22 °C. Wenn sich die ersten richtigen Blätter nach den Keimblättern gebildet haben, pikiere

TIPP

Wenn Sie sehr viele Jungpflanzen haben und der Platz auf Fensterbrettern im Frühjahr knapp wird, kann ein kleines Foliengewächshaus vorübergehend gute Dienste leisten. Falls doch noch einmal Frost angesagt ist, helfen einige Grablichter im Zelt, die Temperatur über Null zu halten. Erst wenn sicher kein Frost mehr auftritt, werden die Tomaten endgültig ausgepflanzt.

1

2

3

ich die Pflänzchen. Einige Tage vor dem Auspflanzen beginne ich damit, die jungen Pflanzen abzuhärten. Dazu stelle ich die Töpfe zunächst an warmen Tagen in den Schatten und – nachdem sie sich daran gewöhnt haben – auch in die Sonne. Es spricht nichts dagegen, die Pflanzen nach einigen Tagen nachts draußen zu lassen, solange die Temperatur nicht unter 5 °C fällt.
Die Pflanzen sollten mit lockerem Abstand von mindestens 60 cm gesetzt werden. So bekommen die Blätter genügend Luft und man kann Krankheiten vorbeugen. Tomaten gedeihen auch gut im Kübel, der mindestens 10 Liter, besser 20 Liter fassen sollte.

GUTE PFLEGE

Als Starkzehrer benötigen Tomaten einen gut gedüngten Boden. Ideal ist es, eine Portion Kompost mit ins Pflanzloch zu füllen. Im Laufe der Vegetationsperiode sollte nachgedüngt werden. Dazu können die handelsüblichen Tomatenfertigdünger verwendet werden. Die Pflanzen mögen auch gerne mit Brennnesselblättern oder Grasschnitt gemulcht werden, dies ergibt eine organische

1. Wenn Tomatenpflänzchen zwei bis vier Blattpaare entwickelt haben, ist es Zeit, sie zu pikieren.

2. Beim Auspflanzen sollte man Tomaten etwas tiefer setzen, sie bilden dann mehr Wurzeln aus.

3. Austriebe aus den Blattachseln sollten bei Stabtomaten ausgebrochen werden, damit die Pflanzen nicht zu buschig wachsen.

Stickstoffdüngung und verhindert, dass der Boden, gerade in heißen Monaten, austrocknet.
Im Normalfall werden Tomaten eintriebig gezogen. Neue Triebe, die sich aus den Blattachseln entwickeln, sollten ausgegeizt werden, damit die Energie der Pflanze in die Produktion der Früchte geht. Stabtomaten benötigen – wie schon der Name sagt – einen Stab, an dem sie regelmäßig aufgebunden werden. Sie können über 2 m hoch werden. Buschtomaten brauchen nicht ausgeizt werden und bleiben niedrig – gut für den Kübel.

SCHÄDLINGE UND KRANKHEITEN

Die verbreitetste Tomatenkrankheit mit fatalen Auswirkungen ist die Braunfäule. Es handelt sich dabei um eine Pilzerkrankung, die bevorzugt bei hoher Luftfeuchtigkeit bzw. häufigem Regen auftritt. Unter einer Überdachung, die möglichst an den Seiten offen ist, sind Tomaten am besten davor geschützt (siehe auch S. 30). Da der Pilz im Boden lebt, sollten die unteren Blätter entfernt und nur direkt an die Stammbasis gegossen werden.

RICHTIG ERNTEN

Die Tomatenernte beginnt Ende Juli, Haupterntemonate sind August und September, in warmen Gegenden auch noch der Oktober. Tomaten lassen sich je nach Sorte mehrere Tage lagern, allerdings sollte man sie nie in den Kühlschrank legen, da sie dort erheblich an Aroma einbüßen. Halbreif geerntete Tomaten kann man auch einige Wochen aufbewahren, dabei reifen sie nach, entwickeln aber weniger Aroma als die an der Pflanze noch ausgereiften Früchte.

WAS SIND BAUMTOMATEN?

Ein weiteres Nachtschattengewächs ist die hübsche Baumtomate *(Cyphomandra betacea)*. Ein strauchar-

Die schwarz geflammten Tomaten der Sorte 'Shadow Boxing' sind sehr dekorativ.

Tamarillofrüchte können gelb, orange oder rot bis weinrot werden. Sie schmecken exotisch süß. Um hierzulande zu reifen, brauchen sie sehr viel Wärme.

TIPP

Wenn Sie mehr Tomaten ernten, als Sie essen können: Die Früchte können ganz einfach im Ganzen eingefroren und später portionsweise beim Kochen verwendet werden.

tiger Baum, der etwa 2 bis 3 m hoch wird. Er ist auch unter dem Namen Tamarillo bekannt. Die Früchte schmecken ganz anders als die „echten" Tomaten. Das Fruchtfleisch hat einen süß-säuerlichen, herben Geschmack und wird wie eine Kiwi ausgelöffelt. Man kann die Früchte auch zu einer Marmelade verarbeiten, wie das in Neuseeland (einem der Anbaugebiete) häufig getan wird. Die kleinen Bäume kommen wild wachsend in den Anden vor und sind somit an Temperaturen zwischen 18 und 20 °C bestens angepasst – nur Frost vertragen sie nicht. Daher ist es einen Versuch wert, die schönen Kleinbäume in Kübelkultur im Garten auszuprobieren. Kaufen Sie am besten einen Jungbaum, der nach etwa zwei bis drei Jahren im Herbst die ersten Früchte tragen wird.

CHECKLISTE FÜR DEN ANBAU

- ☐ A III P V E VII bis X
- ☐ Pflanzenabstand 60 × 75 cm
- ☐ hoher Platzbedarf
- ☐ lange Standzeit
- ☐ wärmeliebend
- ☐ braucht ggf. Stütze
- ☐ Beet ✓ Hochbeet ♦ Kübel ✓

SORTEN

— *für den Garten*

Es gibt eine unglaubliche Sortenvielfalt bei den Tomaten, viele sind regional gezüchtet und an die klimatischen Gegebenheiten angepasst. Ein enormes Sortenspektrum ist in der ehemaligen Sowjetunion entstanden. Im Erwerbsanbau sind die alten Landsorten schon lange durch moderne Sorten verdrängt worden. Doch seit einigen Jahren ist eine Gegenbewegung entstanden. Es gibt immer mehr Liebhaber, die mehrere Dutzend Tomaten-Sorten anbauen und die Sämereien mit anderen Hobbyzüchtern tauschen.

'Yellow Submarine' – eine eiförmige Cocktailtomate, reich tragend, relativ unempfindlich gegen Braunfäule, süß aromatisch

'Schwarze Krim' – schwarz-braune saftige Fleischtomate, süßlich mit kräftigem Aroma

'Green Zebra' – grüne-gelbe Salattomate, milder leicht säuerlicher Geschmack, reift eher spät

'Feuerwerk' – früh reifende Fleischtomate mit mildem Geschmack, hübsch geflammt, feste Schale

'Oranges Ochsenherz' – Fleischtomate, spät reifend, große süß-aromatische Früchte mit weicher Schale

SORTEN

— *für die Kultur in Kübeln*

Wenn Sie Tomaten auf dem Balkon oder auf der Terrasse anbauen möchten, sind kleinwüchsigere Sorten eine gute Wahl. Anders als die normalen Stabtomaten, die bis zu 2,50 m hoch werden, kommen diese auch mit kleineren Pflanzgefäßen zurecht – 5 bis 10 Liter sollten diese aber schon fassen. Da es auf dem Balkon oftmals windig ist, sollten Sie trotzdem darauf achten, die Pflanzen gut an Stäben anzubinden.

'Green Sausage' – Buschtomate mit flaschenförmigen aromatischen Früchten.

'Shadow Boxing' – (rechts) früh reifende Sorte, teilweise fast ganz schwarz, herb-aromatisch, die Pflanzen werden bis zu 150 cm hoch.

'Aztek' – kleinwüchsige Sorte für den Kübel, reich tragend, säuerlich-aromatisch, feste Schale

'Dattelwein' – die Pflanzen werden bis zu 120 cm hoch und tragen sehr viele, kleine birnenförmige, süße Früchte.

Wildtomaten – es gibt sehr viele Varianten, sie alle wachsen niedrig in Buschform und bringen kleine Früchte hervor. Sehr robust.

BLATTGEMÜSE

Amarant

Amarant ist hierzulande als Zierpflanze unter dem Namen Fuchsschwanz gut bekannt. Dass man die Blätter und die Samen auch essen kann, wissen hingegen nur wenige. Dabei zählt Amarant zu den ältesten Nutzpflanzen der Menschheit.

Amarant war bei den Azteken und Inkas ein Hauptnahrungsmittel und galt als besonders wertvoll. Bis heute wird Amarant vor allem in Mittelamerika angebaut. Die Körner sind in Europa besonders beliebt als Zusatz in Gebäck und Müsli.

AUSSAAT IM GARTEN

Wer Amarant im Garten anbaut, tut dies vor allem wegen der wunderschönen roten Blätter und zierenden Rispen der Pflanze, die sich prachtvoll auch im Staudenbeet macht. Der Anbau zur Gewinnung der Körner als Getreideersatz hingegen ist aufwändig und erfordert größere Flächen. Doch die Kultur lohnt sich auch wegen der schmackhaften Blätter. Da die Pflanzen frostempfindlich sind, sollten Sie erst nach den Eisheiligen draußen im Beet auf einem gut gelockerten Boden flach aussäen. Oder aber Sie ziehen einzelne Pflanzen drinnen vor, was leicht gelingt. Der Pflanzabstand sollte mindestens 30 × 40 cm betragen.

GUTE PFLEGE

Amarant ist genügsam und braucht wenig zusätzliche Düngung. Achten Sie nur darauf, dass Unkraut oder andere Nutzpflanzen den Amarant in seinen ersten Wochen nicht bedrängen, da braucht er freien Platz um sich herum. Bei stärkerer Trockenheit muss er gewässert werden.

RICHTIG ERNTEN

Sobald die Pflanzen etwa 20 cm groß sind, können Sie erste Triebspitzen abknipsen und für Salat oder Spinat verwenden. Dadurch verzweigt sich die Pflanze weiter. Später ernten Sie junge Blätter nach Bedarf.
An den Rispen bilden sich die Samenkörner. Meist sind diese ab September trocken genug, um geerntet zu werden. Sehen Sie sich einzelne Körner an, wenn diese noch glasig sind, müssen Sie mit der Ernte noch warten, bis sie richtig trocken geworden sind. Dann können Sie die Rispen abschneiden und auf einem ausgebreiteten Laken ausschlagen. Seien Sie nicht enttäuscht, die Menge der Körner ist gering.

IN DER KÜCHE

Die jungen Triebe oder Blätter können Sie roh als Salatbeigabe verwenden – das sieht sehr hübsch aus.

1

2

CHECKLISTE FÜR DEN ANBAU

- ☐ A III bis V P V E VI bis X
- ☐ Pflanzenabstand 30 × 40 cm
- ☐ wärmeliebend
- ☐ Zierde im Staudenbeet
- ☐ Beet ✓ Hochbeet ♦ Kübel ✗

Oder Sie dünsten sie wie Spinat – allein oder zusammen mit anderen Gemüsen. Schmeckt lecker!

SORTEN FÜR DEN GARTEN

Es gibt viele Sorten für die Kultivierung als Zierpflanze sowie für die Blatternte. Wer für die Blatternte anbaut, kann auch auf grünblättrige Sorten wie 'Grüner Meier' zurückgreifen. 'Roter Meier' ist eine alte Kultursorte für die Körnerernte. Bei der Sorte 'Chihuahua', die bis zu 2 m hoch wird, können Blätter und Körner verzehrt werden.

1. Amarant ist dank seiner roten Blätter und der hübschen Blütenrispen ausgesprochen dekorativ, auch im Staudenbeet. In große Kübel gepflanzt, schmückt er ebenso den Balkon oder die Terrasse.

2. Wenn Sie den Amarant drinnen vorziehen, können Sie die Jungpflanzen nach den Eisheiligen sicher ins Beet setzen.

Baumspinat

Der Baumspinat beeindruckt optisch mit seinen leuchtend magentafarbigen Austrieben. Anders als beim echten Spinat können die Blätter den ganzen Sommer über verzehrt werden. Der Anbau ist unkompliziert. Ich liebe den Baumspinat, weil er so wunderhübsch ist – und schmecken tut er auch noch!

Baumspinat *(Chenopodium giganteum)* stammt ursprünglich aus Mittel- und Südasien, dort ist er im Himalaya, in Nepal und Indien zu Hause. Mittlerweile wächst er als Neophyt in vielen warmen Regionen der Erde wild. Als Kulturpflanze ist Baumspinat in China und Südostasien beliebt. Hierzulande ist er noch weitgehend unbekannt.

AUSSAAT IM GARTEN

Die Aussaat erfolgt ab Anfang Mai im Freiland. Vorziehen ab März im Haus ist möglich, bringt aber keinen großen Gewinn. In einen gut gelockerten und gedüngten Boden säe ich zunächst in einer Reihe, ca. alle 10 cm – der Baumspinat fühlt sich in einer halbschattigen bis sonnigen Lage am wohlsten. Wenn die jungen Pflanzen dann einander berühren, nehme ich jede zweite raus und verwerte sie, bis am Ende der Abstand etwa 1 m beträgt. Drei bis vier Pflanzen reichen für den Bedarf einer Familie aus.

GUTE PFLEGE

Am Anfang schätzen es die Jungpflanzen, wenn konkurrierendes Unkraut gejätet wird. Sind sie groß genug, behaupten sie sich gut selbst. Bei starker Trockenheit sollten Sie gießen, damit die Blätter zart bleiben. Der Baumspinat ist nicht anfällig für Krankheiten und Schädlinge!

RICHTIG ERNTEN

Ernten Sie zunächst ganze Jungpflanzen (für den richtigen Endabstand der

TIPP

Baumspinat können Sie leicht selbst vermehren. Lassen Sie dazu mehrere Pflanzen blühen und nehmen Sie im Herbst die Samen ab. Der Baumspinat sät sich in der Regel auch selbst aus.

CHECKLISTE FÜR DEN ANBAU

- ☐ A V E VI bis X
- ☐ Pflanzenabstand 100 × 40 cm
- ☐ hoher Platzbedarf
- ☐ lange Standzeit
- ☐ robust
- ☐ Zierde im Staudenbeet
- ☐ Beet ✓ Hochbeet ♦ Kübel ✗

verbleibenden Pflanzen), später schneiden Sie dann Triebspitzen, um die Verzweigung zu fördern. Junge Blätter sind am zartesten und können regelmäßig gepflückt werden.

IN DER KÜCHE

Die Blätter des Baumspinats können wie echter Spinat verwendet werden, schmecken aber etwas kräftiger. Auch sie enthalten (vor allem in alten Blättern) Oxalsäure, die von manchen Menschen nicht gut vertragen wird. Die Blätter schmecken besonders als Füllung in einer Quiche, gemischt mit süßlichen Gemüsen wie Möhren oder säuerlichen Gemüsen wie Tomaten. Die Blätter können auch roh gegessen werden und sind ein toller Hingucker auf dem Teller oder im Salat.

Wenn Sie die jungen Triebe des Baumspinat abzwicken (und natürlich auch verzehren), verzweigt sich die Pflanze und wird schön buschig.

Hirschhornwegerich

Der Hirschhornwegerich wird in Norditalien traditionell als Salatgemüse angebaut. Teilweise wächst er auch wild. Er kommt mit salzhaltigen Böden gut zurecht und kann in milden Wintern durchgängig geerntet werden. Ein unkomplizierter „Selbstgänger".

1

Hirschornwegerich ist sehr robust. Er eignet sich sogar für die Kultur im Balkonkasten. Die Blätter des Gewächses erinnern an ein Hirschgeweih, daher kommt der Name dieser mit dem Spitz- und Breitwegerich verwandten Pflanze.

AUSSAAT IM GARTEN

Der Hirschhornwegerich *(Plantago coronopus)* wird im Frühjahr direkt im Freiland ausgesät, in den Folgejahren sät er sich oft selbst aus. Er mag feuchten Boden und gedeiht an sonnigen bis halbschattigen Standorten. Zwischen den einzelnen Saatreihen sollten Sie etwa 20 cm Platz lassen. Zu eng stehende Pflanzen können ausgezogen und verspeist werden.

GUTE PFLEGE

Der Hirschhornwegerich hat keine hohen Ansprüche. Er ist zudem weder bei Schnecken noch bei Blattläusen sonderlich beliebt. Düngen Sie nur mäßig und achten Sie darauf, dass der Boden nicht zu trocken wird – das ist eigentlich schon alles. Möchten Sie auch im Winter ernten, säen Sie nochmal im August auf frei gewordene Beete und schützen die Pflanzen bei starkem Frost mit etwas Vlies.

CHECKLISTE FÜR DEN ANBAU

- ☐ A III bis VIII E I bis XII
- ☐ Pflanzenabstand 20 × 20 cm
- ☐ geringer Platzbedarf
- ☐ robust
- ☐ Beet ✓ Hochbeet ✓ Kübel ✓

2

3

1. Eine Reihe Hirschhornwegerich im Hochbeet reicht aus, um regelmäßig die würzigen Blätter für den Salat zu schneiden.

2. In der Küche ist das Kraut roh ebenso wie gegart verwendbar.

3. Hirschhornwegerich gedeiht auch im Balkonkasten. Hat er geblüht, können Sie leicht selbst Samen abnehmen.

RICHTIG ERNTEN

Sie können ganzjährig ernten: Erst ziehen Sie die zu eng stehenden Jungpflanzen aus, später schneiden Sie die äußeren Blätter. Diese sollten Sie nicht zu groß werden lassen, damit sie zart bleiben.

IN DER KÜCHE

Die Blätter vom Hirschhornwegerich sind knackig fest und schmecken leicht salzig. Sie eignen sich prima für gemischte Salate und schmecken auch solo lecker, wenn sie mit einem Nussöl angemacht werden. Sind die Blätter bereits zu derb für den Rohverzehr, können sie auch als Spinat zubereitet werden.

TIPP

Lassen Sie ein paar Pflanzen im Sommer blühen und nehmen Sie dann Samen ab oder lassen Sie die Selbstaussaat zu.

Bunter Mangold

Mangold ist ein Gänsefußgewächs und eng verwandt mit Roter Bete, Zuckerrübe und Runkelrübe. Anders als bei den Verwandten werden beim Mangold Blätter und Blattstiele gegessen. Das Gemüse kann in größeren Töpfen auch auf Balkon oder Terrasse gezogen werden und ist sehr dekorativ im Staudenbeet.

Mangold bzw. Beten werden bereits seit 2.000 Jahren im Mittelmeerraum genutzt. Im deutschsprachigen Raum ist Mangold seit dem 16. Jahrhundert bekannt. Das unkomplizierte Gemüse war in den folgenden Jahrhunderten sehr beliebt, da es auch im Sommer gedeiht, wenn der herkömmliche Spinat nicht zur Verfügung steht.

AUSSAAT IM GARTEN

Mangold (*Beta vulgaris* ssp. *cicla*) lässt sich problemlos kultivieren, er gedeiht in der Sonne und im Halbschatten. Er kann ab April direkt auf dem Beet ausgesät werden. Dazu werden die Samenknäuel 2 bis 3 cm tief in Reihen mit 40 cm Abstand ausgesät. Aus jedem Knäuel entwickeln sich mehrere Pflanzen. Lassen Sie nach dem Aufgehen nur die kräftigsten stehen und vereinzeln Sie auf mindestens 15 bis 20 cm. Ein engerer Abstand ist günstig, wenn man hauptsächlich Blätter ernten möchte. Wenn Sie gerne gut entwickelte Rippen haben möchten, wählen Sie einen weiten Abstand.

GUTE PFLEGE

Der Nährstoffbedarf von Mangold ist mittelstark. Die Pflanzen lieben chloridhaltigen Boden, so dass man einmalig etwa 1 bis 2 TL Kochsalz je Quadratmeter Boden ausstreuen kann. Mangold wird von Schnecken nicht sonderlich gemocht. Ist es lange trocken, kann er Mehltau bekommen. Dagegen hilft vorbeugend, den Boden feucht zu halten. Wenn Pflanzen von der Blattfleckenkrankheit befallen werden, zeigen sie auf den Blättern trockene, braune Flecken mit rotem Rand, die später verwelken. Jungpflanzen können daran eingehen, ältere Pflanzen treiben ausreichend nach. Für den Menschen ist die Krankheit nicht schädlich und meist findet man ausreichend frisch nachgetriebene, gesunde Blätter.

RICHTIG ERNTEN

Nach etwa acht Wochen kann erstmals geerntet werden. Dazu werden einige äußere Blätter abgedreht oder abgeschnitten.

Wenn Sie beim Ernten die äußeren Blätter des Mangolds abdrehen oder abschneiden und das Herz stehen lassen, wächst die Pflanze die ganze Saison über weiter.

IN DER KÜCHE

Für einen Mangoldspinat entfernen Sie die Stiele und garen die klein geschnittenen Blätter in etwas Öl bei geschlossenem Deckel. Der Spinat wird deftiger, wenn Sie ein paar Zwiebelwürfel glasig braten und mitdünsten. Die Stiele können Sie ohne Blätter in Salzwasser dünsten und wie Spargel mit Butter oder Bechamel-Soße servieren. Sie können auch Stiele und Blätter zusammen mit Tomaten und Champignons als deftiges Mischgemüse in Olivenöl dünsten. Knoblauch passt gut dazu. In Kroatien dünstet man Kartoffeln mit Mangold – lecker!

Mangold ist mit seinen bunten Blättern und Stielen eine absolute Zierde im Gemüsebeet und passt auch gut zwischen Blumenrabatten.

TIPP

Das Herz bei der Ernte stehen lassen, so dass die Pflanze immer wieder neue Blätter nachtreiben kann.

1

2

SORTEN FÜR DEN GARTEN

— **'Lucullus'** – verbreitete Sorte! Bei enger Pflanzung werden vorzugsweise die Blätter verwendet, pflanzt man mit weitem Abstand, entwickeln sich kräftige Stiele.
— **'Vulkan'** – dekorative, rotstielige Sorte
— **'Bright Lights'** – eine Mischung von roten, gelben, weißen und grünen Blatt-Mangoldvariationen, der bunte Knaller im Gemüsebeet

CHECKLISTE FÜR DEN ANBAU

- ☐ A IV bis V E VI bis XI
- ☐ Pflanzenabstand 30 × 40 cm
- ☐ leichte Anfängerkultur
- ☐ Beet ✓ Hochbeet ✓✓ Kübel ♦

3

1. Die Sorte 'Lucullus' ist recht kältetolerant und übersteht auch einen nicht allzu frostigen Winter draußen.

2. Die Stiele der Sorte 'Vulkan' behalten auch nach dem Garen ihre attraktive rote Färbung!

3. Eine bunte Mangoldmischung sieht im Beet einfach hübsch aus!

Neuseeländer Spinat

Das Blattgemüse ist in Neuseeland, Tasmanien und Australien beheimatet. Die Blätter werden im Sommer geerntet, wenn der echte Spinat nicht gedeiht, und wie Spinat zubereitet.

Neuseeländer Spinat *(Tetragonia expansa)* benötigt keine besondere Pflege. Da er hierzulande noch kaum Antagonisten hat, ist auch kein Pflanzenschutz nötig.

AUSSAAT IM GARTEN

In warmen Gegenden sät man am besten Mitte bis Ende April direkt im Beet aus, mit einem Abstand von 50 cm zwischen den Pflanzen. Gärtnern Sie in einer kühleren Region, schützen Sie die Aussaat anfangs am besten mit einem Vlies oder einer Folie. Zunächst entwickeln sich die Pflanzen zögerlich. Sie können die Zwischenräume auf dem Beet deshalb gut für schnelle Kulturen wie Radieschen oder Pflücksalat nutzen. Ein paar sommerlich warme Tage geben dem Neuseeländer dann einen Schub und auf einmal beginnt er mächtig zu wachsen. Bald werden die Pflanzen groß und benötigen einen Standraum von einem Quadratmeter. Aber bis es soweit ist, dauert es eine ganze Weile, und es wäre schade, den Platz zu verschenken. Ich handhabe es so, dass ich anfangs einige Pflanzen im Ganzen ernte, so dass sich die übrigen besser ausbreiten können. Letztlich reichen vier bis fünf Pflanzen, um eine vierköpfige Familie alle ein bis zwei Wochen mit Spinat zu versorgen.

KONKURRENZLOS IM BEET

Der Neuseeländer Spinat braucht ein bisschen Zeit, bis das Wachstum in Gang kommt. Dann aber braucht er viel Platz und verdrängt mit seinen kräftigen Trieben auch zuverlässig konkurrierendes Unkraut.

1

TIPP

Das Gemüse wächst einjährig. Wenn Sie selbst Saatgut gewinnen wollen, lassen Sie einfach eine Pflanze blühen und nehmen dann einige der großen kantigen Samen ab und trocknen sie für die nächste Saison. Beim ersten Frost stirbt die Pflanze dann ab und Sie können die Reste bis zum Frühjahr prima als Mulch auf dem Beet liegen lassen.

GUTE PFLEGE

Man braucht nur das Beet frei von Unkraut halten und bei Trockenheit regelmäßig wässern. Dann wächst die Pflanze fast von allein. Wenn Sie häufiger ernten, ist der Nährstoffbedarf hoch. Eine ordentliche Kompostgabe oder etwas Brennnesseljauche fördern das Wachstum. Alle drei Jahre sollte man den Standort wechseln und keine Mitglieder aus der gleichen Pflanzenfamilie (Mittagsblumengewächse) anbauen.

RICHTIG ERNTEN

Ernten Sie den Neuseeländer Spinat, indem Sie die jungen Triebspitzen mit einigen Blättern daran abschneiden. Dadurch verzweigt sich die Pflanze immer mehr. Die Ernte beginnt meist Ende Juni und dauert bis in den Herbst hinein. Längere Erntepausen führen dazu, dass die Triebe zäh werden.
Aufbewahren lassen sich die frisch gepflückten Blätter nicht lange. Sie werden schnell schlapp und sollten rasch verbraucht werden. Notfalls in einem feuchten Tuch einschlagen und im Gemüsefach des Kühlschrankes aufbewahren.

2

3

1. Die Blätter des Neuseeländer Spinats sind saftig und schmecken ein bisschen salzig.

2. Wenn Sie junge Triebe abzwicken, verzweigt sich der Neuseeländer Spinat stärker.

3. Damit das Eiskraut seine hübschen magentafarbenen Blüten hervorbringt, braucht es viel Sonne und Wärme.

IN DER KÜCHE

Man verwendet die Blätter und frischen Triebe wie bei normalem Spinat. Ein paar fein gewürfelte Zwiebeln in Öl anbraten und dann zusammen mit dem Spinat schmoren lassen – das ergibt eine leckere Gemüsebeilage. Der Neuseeländer Spinat eignet sich auch zur Füllung von Teigtaschen. Man kann die Blätter ebenso roh als Salatbeigabe verzehren.

WAS IST EISKRAUT?

Das Eiskraut *(Aptenia cordifolia)* gehört wie der Neuseeländer Spinat in die Familie der Mittagsblumengewächse. Die Kulturansprüche sind sehr ähnlich. Das Gemüse entwickelt hübsche kleine Blüten und eignet sich sehr gut für die Bepflanzung von Kübeln. Sie können die Pflanzen überwintern, indem Sie im Herbst die Triebe im Wasserglas bewurzeln lassen und später in kleine Töpfe pflanzen. Diese sollten an einem kühlen und hellen Platz im Haus stehen. Die Blätter sind ebenfalls essbar, geschmacklich sagt mir der Neuseeländer Spinat mehr zu, auch ist der Ertrag deutlich höher.

CHECKLISTE FÜR DEN ANBAU

- ☐ A IV bis VI E VI bis X
- ☐ Pflanzenabstand 50 × 100 cm
- ☐ hoher Platzbedarf
- ☐ lange Standzeit
- ☐ wärmeliebend
- ☐ Beet ✓ Hochbeet ✓ Kübel ✗

Okinawa-Spinat

Die aus Südostasien stammende Pflanze ist u.a. in Japan sehr beliebt und wird auch Handama genannt. Man isst die Blätter der Staude, die bei feucht-warmem Wetter üppig wuchert und damit im Sommer eine gute Alternative für Spinat darstellt.

Okinawa-Spinat *(Gynura crepioides)* ist in Europa noch weitgehend unbekannt und am besten online erhältlich. Bezugsquellen für Jungpflanzen siehe Seite 124 f.

PFLANZUNG IM GARTEN

Handama wird vegetativ vermehrt, also über Stecklinge. Nach dem letzten Frost ab Mitte Mai kann ausgepflanzt werden. In einem warmen Sommer reichen fünf Pflanzen aus, um etwa alle ein bis zwei Wochen Spinat zu essen. Die Stauden sind wegen der weinroten Unterseite der Blätter sehr dekorativ und machen sich auch gut im Staudenbeet oder aber in einem Kübel auf der Terrasse.

GUTE PFLEGE

Okinawa-Spinat ist sehr robust. Die Pflanzen benötigen aber regelmäßige Düngung und viel Wasser – ansonsten kann man sie quasi sich selbst überlassen. Bei Schnecken und anderen Schädlingen sind sie nicht sonderlich beliebt.

RICHTIG ERNTEN

Die oberen Zweige können jederzeit um ca. 10 cm geschnitten werden, dann verzweigt sich die Pflanze auch viel mehr und wird buschig. Ernten Sie längere Zeit nicht, schneiden Sie trotzdem, damit sich zarte Neuaustriebe bilden.

IN DER KÜCHE

Sie können junge Blätter roh im Salat essen. Mir persönlich schmeckt das etwas zu herb. Ich bevorzuge es, die Blätter kurz in Öl anzudünsten – am besten mit fein gehackten Zwiebeln und/oder Knoblauch. Das ergibt einen leckeren, sehr aromatischen Spinat.

TIPP

Okinawa-Spinat lässt sich leicht durch Stecklinge vermehren. Stellen Sie dazu einfach ein paar Zweige in ein Wasserglas, nach zwei Wochen sollten sich ausreichend Wurzeln gebildet haben, um die Pflänzchen nach draußen zu setzen. Vor dem ersten Frost können Sie Handama eintopfen und an einem kühlen hellen Ort, z. B. im Treppenhaus, überwintern.

CHECKLISTE FÜR DEN ANBAU

- ☐ P V bis VI E VII bis X
- ☐ Pflanzenabstand 50 × 50 cm
- ☐ lange Standzeit
- ☐ sehr wärmeliebend
- ☐ robust
- ☐ Zierde im Staudenbeet
- ☐ Beet ✓ Hochbeet ✓ Kübel ✓

Die hübschen Blätter müssen nur kurz gegart werden.

Der Okinawa-Spinat breitet sich kräftig im Beet aus und verdrängt zuverlässig Unkräuter.

Radicchio

Das leicht bittere Gemüse wird vor allem im Herbst und Winter angeboten. Es gehört, ebenso wie der verwandte Chicorée und Zuckerhut, zu den Zichoriensalaten.

1

Radicchio *(Cichorium intybus)* ist besonders gut als zweite Kultur nach der frühen Ernte von Buschbohnen, Erbsen, Kartoffeln o. Ä. geeignet, um das frei werdende Beet bis in den frühen Winter zu nutzen.

AUSSAAT IM GARTEN

Sie können den Salat direkt ins Beet säen und die Jungpflänzchen später vereinzeln. Wenn man auf dem Platz noch eine andere Kultur stehen hat, lassen sich Zichorien aber auch gut vorziehen. Der Abstand im Beet sollte 40 cm zwischen den Pflanzen und 40 cm zwischen den Reihen betragen. Radicchio schätzt leichte Düngergaben und einen sonnigen bis halbschattigen Standort.

GUTE PFLEGE

Solange die Pflänzchen noch klein sind, sollten Sie konkurrierendes Unkraut jäten. Später hacken Sie zwischen den Reihen, um den Boden gut zu durchlüften. Radicchio ist gutmütig und braucht sonst nicht viel Aufmerksamkeit.

RICHTIG ERNTEN

Von Radicchio gibt es kopfbildende Sorten und solche, die als Schnittsalat geerntet werden – sogenannte Catalognas. Bei diesen schneiden Sie höchstens ein Drittel der Blätter ab und geben der Pflanze dann wieder etwas Zeit um nachzutreiben. Achten Sie darauf, das Herz stehen zu lassen! Kopfbildender Radicchio ist ca. 12 bis 14 Wochen nach der Aussaat erntereif. Winterharte Sorten lasse ich auf dem Beet stehen. Die äußeren Blätter werden in der Regel ziemlich unansehnlich, aber das Herz treibt im zeitigen Frühjahr neu aus und es bilden sich kleine, zarte Salatköpfe.

SORTEN FÜR DEN GARTEN

— **'Palla Rossa'** bildet kugelige Köpfe mit tief weinroten Blättern, er verträgt leichte Fröste.
— **'Rossa di Treviso'** hat längliche Blätter, die im späten Herbst zu einem Kopf schließen. Die Sorte ist nur wenig frostverträglich.
— **'Catalogna di Chioggia'** ist ein wüchsiger Schnittradicchio mit grünen Blättern.

CHECKLISTE FÜR DEN ANBAU

- ☐ A VI bis VII P VI bis VII
  E VIII bis XII
- ☐ Pflanzenabstand 40 × 40 cm
- ☐ keine hohen Temperaturansprüche
- ☐ robust
- ☐ leichte Anfängerkultur
- ☐ Zierde im Staudenbeet
- ☐ Beet ✓ Hochbeet ✓ Kübel ♦

2

3

IN DER KÜCHE

Wer den leicht bitteren Geschmack von Radicchio nicht mag, kann die geschnittenen Blätter in lauwarmes Wasser legen und die Bitterstoffe ausziehen lassen. Damit gehen aber leider auch Vitamine verloren. In einem gemischten Salat mit Walnüssen, Feigen, Weintrauben oder Orangen tritt das Bittere in den Hintergrund und schmeckt pikant.
In Südeuropa werden Zichorien gerne kurz gegart verspeist. Machen Sie selbst den Geschmackstest und schmoren Sie die Blätter einfach in einem guten Olivenöl!

1. Mit seinen weinroten Blättern ist die Sorte 'Rosso di Treviso' eine Zierde auch im Staudenbeet.

2. 'Catalogna di Chioggia' ist eine Sorte, bei der Sie regelmäßig die äußeren Blätter schneiden und verzehren können.

3. Radicchio schmeckt lecker in einem Salat mit süßen frischen Feigen, Walnüssen und Balsamessig.

Salzkraut

Das Salzkraut ist eine Meeresküstenpflanze, deren saftige Stängel man roh und gegart essen kann. Es wird in der italienischen Küche verwendet und ist auch unter den Namen Agretti oder Mönchsbart bekannt.

1

Salzkraut wird ebenso in Japan angebaut und verzehrt. Dort ist die Sorte 'Okahijiki' beliebt, die in ihren Eigenschaften und im Geschmack unserem europäischen Salzkraut ähnelt.

AUSSAAT IM GARTEN

Salzkraut *(Salsola soda)* kann von März bis September direkt ins Beet gesät werden. Es liebt feuchte Böden und verträgt auch eine halbschattige Lage. Säen Sie mit einem Abstand von 5 cm in der Reihe und 15 cm zwischen den Reihen und dünnen Sie mit zunehmendem Wachstum der Pflanzen aus. Die ausgezogenen Jungpflanzen werden natürlich verspeist.
Die Sorte 'Okahijiki' ist wärmeliebender als unser europäisches Salzkraut und wird deshalb zunächst im Haus vorgezogen und erst ab Mai ausgepflanzt. Zudem wird sie größer und sollte deshalb mit einem Abstand von 20 bis 30 cm zwischen den Pflanzen gesetzt werden. Alles in allem ist Salzkraut unkompliziert und kann auch im Kübel kultiviert werden.

GUTE PFLEGE

Salzkraut ist eine Küstenpflanze. Entsprechend liebt es salzige Böden. Gießen Sie ein- bis zweimal in der Vegetationszeit mit 1 TL Salz auf 5 Liter Wasser und lassen Sie die Erde nicht zu sehr austrocknen.

RICHTIG ERNTEN

Überzählige Jungpflanzen werden ausgezogen und roh verspeist. Im weiteren Verlauf können entweder die zarten Triebspitzen gekappt und als Salat verwertet werden – dann entwickelt sich das Salzkraut zu kleinen Büschen – oder aber Sie säen immer wieder Pflanzen nach.

IN DER KÜCHE

Zunächst ist der salzig-säuerliche Geschmack des Krautes vielleicht etwas ungewohnt. Er erinnert ein bisschen

TIPP

Salzkraut keimt nicht immer so leicht. Weichen Sie die Samen daher vor der Aussaat 24 Stunden in etwas Wasser ein und sorgen Sie dafür, dass die Erde bis zur Keimung feucht bleibt.

2

an eine Meeresbrise und harmoniert hervorragend mit Fischgerichten. Salzkraut passt gut in die japanische Küche mit kurzgebratenen Gemüsen. In Italien wird Agretti kurz mit etwas Knoblauch in Olivenöl angedünstet, dazu gibt es einen Spritzer Zitrone. Lecker!

CHECKLISTE FÜR DEN ANBAU

- ☐ A III bis VI   E V bis X
- ☐ Pflanzenabstand 5 × 15 cm
- ☐ geringer Platzbedarf
- ☐ leichte Anfängerkultur
- ☐ Beet ✓ Hochbeet ✓ Kübel ✓

PASTA MIT AGRETTI UND LACHS – SCHNELLES REZEPT FÜR 2 PERSONEN

— 200 g Spaghetti (oder andere Nudeln)
— 1 Bund Salzkraut
— 1 mittelgroße Zwiebel
— 1 bis 2 Knoblauchzehen
— 5 EL Olivenöl
— 200 g Lachsfilet
— Salz, Pfeffer, Zitrone

Spaghetti kochen. Währenddessen die Zwiebel hacken und im Olivenöl in einem anderen Topf anbraten. Den Lachs in Würfel schneiden, den Knoblauch pressen und mit den Zwiebeln dünsten. In den letzten drei Minuten, in denen die Spaghetti kochen, das geputzte Salzkraut dazugeben. Danach abgießen und zu dem gedünsteten Lachs geben, vorsichtig unterheben und mit Salz, Pfeffer und einem Spritzer Zitronensaft abschmecken.

1. Salzkraut können Sie auch im Hochbeet oder in einem Balkonkasten kultivieren und regelmäßig nach Bedarf schneiden.

2. Das Kraut sollte nur sehr kurz gegart werden, damit es bissfest bleibt.

KOHLGEMÜSE

Asia-Kohl und -Salate

In Asien sind eine Reihe schnellwüchsiger Blattkohl-Sorten verbreitet, die entweder als Salatbeigabe, kurzgebraten im Wok oder als Zutat zur Gemüsesuppe verwendet werden. Sie vertragen auch kühleres Klima und eignen sich gut als Vor-, Nach- oder Zwischenkultur.

MIZUNA

Das Asia-Kohlgemüse gedeiht auch in kühlem Klima gut. Der Geschmack der zarten Blätter erinnert an rohen Kohlrabi und Salatrauke.

Asia-Kohl hat – zumindest in meinem Garten – nur ein Problem: Es gehört zu den Lieblingsspeisen der Schnecken.

ASIA-GEMÜSE FÜR DEN GARTEN

— Pak Choi entwickelt kleine lose Köpfe, es gibt grün- und rotblättrige Varianten.
— Mizuna (Salat-Kohl) gibt es mit rotem und grünem Laub. Die zarten Blätter werden gerne als Salat verwendet, können aber auch gegart werden. Mizuna schmeckt etwas scharf, weshalb er auch Japanischer Senfkohl genannt wird.
— Chinesischer Brokkoli oder auch Kai-Ian hat von den genannten Asia-Gemüsen das höchste Wärmebedürfnis. Die Pflanze wird bis zu 50 cm hoch, nach der Ernte kann sie komplett in der Küche verwertet werden – inklusive der kleinen gelben Blüten. Bevorzugte Zubereitungsmethode ist das Garen.

AUSSAAT IM GARTEN

Die Asia-Gemüse schätzen einen mittelschweren, nährstoffreichen Boden in windgeschützter Lage. Der Wärmebedarf ist nicht sehr hoch. Der Anbau ist im Halbschatten und in der Sonne möglich. Die Kultur im Hochbeet funktioniert sehr gut, und

1

1. Roter Mizuna hat ebenso wie der grüne Mizuna eine leichte Schärfe, die von dem reichlich vorhandenen Senföl in den Blättern rührt.

2. Pak Choi ist vor allem als grünblättriges Gemüse mit weißen Stielen bekannt. Es gibt aber auch dekorative rotblättrige Varianten.

2

auch in großen Kübeln oder Balkonkästen ist bei reichlicher Wasserversorgung und Düngung eine gute Ernte möglich.
Die Pflanzen können acht bis zehn Wochen nach der Aussaat geerntet werden. Ein Abstand von 15 cm in der Reihe und 25 cm zwischen den Reihen ist angemessen. Ich säe ab April im Freiland zunächst enger, entferne dann die überzähligen Pflanzen nach und nach und verwerte sie sogleich. Wird es im Frühsommer schnell sehr warm, neigen die Pflanzen zum Schossen. Bei einer Aussaat im August passiert das nicht mehr, und man kann bis in den Spätherbst hinein ernten.

GUTE PFLEGE

Die jungen Pflanzen benötigen ein gleichmäßig feuchtes Beet und schätzen es ab und an mit Wasser gesprengt zu werden. Der Boden sollte gut gedüngt sein und regelmäßig gehackt werden.

RICHTIGE ERNTE

Geerntet wird nach Bedarf, sobald Ihnen die Größe der Pflanzen zusagt. Asia-Gemüse vertragen Temperaturen um den Nullpunkt, wenn es vorübergehend ein wenig kälter wird, kann man die Pflanzen mit Vlies abdecken und auf diese Weise bis in den Dezember hinein ernten.

CHECKLISTE FÜR DEN ANBAU

- ☐ A IV bis VIII E V bis XII
- ☐ Pflanzenabstand 15 × 25 cm
- ☐ gute Zwischen- und Nachkultur
- ☐ verträgt kühles Klima
- ☐ robust
- ☐ leichte Anfängerkultur
- ☐ Beet ✓ Hochbeet ✓ Kübel ♦

IN DER KÜCHE

Grundsätzlich kann man alle Sorten roh als Salat essen. Pur schmeckt Asia-Kohl sehr intensiv, so dass ich ihn gerne mit anderen Blattsalaten mische und zum Beispiel noch geschnittene Äpfel hinzufüge. Gut passen auch Walnüsse und Orangenschnitze. Gegart wird er nur sehr kurz. Der leicht bittere Geschmack harmoniert gut mit süßen Gemüsearten wie Möhren oder roter Paprika.

LEICHTE GEMÜSESUPPE MIT PAK CHOI – REZEPT FÜR 2 PERSONEN –

— 1 Kopf Pak Choi
— 3 mittelgroße frische Champignons
— 2 Lauchzwiebeln
— 1 Knoblauchzehe
— 100 g mageres Rinderhack
— 1 EL Rapsöl
— Instant-Fleischbrühe
— Pfeffer
— Salz

Das Rinderhack mit etwas Salz und Pfeffer verkneten und zu kleinen Bällchen formen. Die Zwiebeln hacken und im Rapsöl andünsten, mit ¾ Liter Wasser ablöschen und zum Kochen bringen. Die Instant-Brühe nach den Angaben auf der Packung einrühren. Den Pak Choi in Streifen schneiden und zusammen mit den Fleischbällchen in die Brühe geben. 10 Minuten leicht köcheln. Die Knoblauchzehe hinein pressen, mit Pfeffer abschmecken. Dazu passt in etwas Butter geröstetes Brot.

Eine klare Suppe mit einer Einlage aus Pak Choi, Champignons und Hackbällchen ist leicht bekömmlich.

Ich säe Pak Choi zunächst eng aus und verzehre überzählige Jungpflanzen im Salat.

DER KOHL UND DIE SCHNECKEN

Junge Kohlpflanzen gehören zu den Leibspeisen der Schnecken. Die immer invasiver vorkommende Spanische Nacktschnecke hat das Gemüse auf ihrem Speisezettel.
Deshalb verwende ich seit Jahren sogenannte Schneckenkragen. Die schleimigen Vielfraße schaffen es nicht, die umgebogenen Ränder zu überwinden. Sind die Pflanzen so groß, dass ihnen ein wenig Blätterknabbern nicht mehr viel ausmacht, entferne ich die Kragen und nutze sie für andere Jungpflanzen – Salat, Kürbis, Zucchini oder Bohnen. So wandern sie eine ganze Weile über meine Beete und ersparen mir den Einsatz von Gift.

SCHNECKEN-LEIBSPEISE

Leider mögen in meinem Garten auch die hübschen Gehäuseschnecken Kohl jeder Art. Die Jungpflanzen schütze ich deshalb mit einem Schneckenzaun.

Palmkohl

Aus Wildkohl-Arten, wie sie zum Beispiel noch an der Nordseeküste zu finden sind, wurden schon vor Jahrhunderten erste Blattkohl-Sorten gezüchtet. Am bekanntesten davon ist heute der klassische Grünkohl. Eng mit ihm verwandt sind verschiedene Palmkohl-Sorten.

Palmkohl begeistert mich immer wieder, da dieser Blattkohl unkompliziert ist und über lange Zeit beerntet werden kann.

ANZUCHT UND PFLANZUNG

Von allen Kohl-Arten stellt er die geringsten Ansprüche an den Boden. Sein Nährstoffbedarf liegt im mittleren Bereich. Ich ziehe Palmkohl ab April oder Mai im Haus in kleinen Töpfen vor und pflanze ihn im Juni als zweite Kultur nach Salat oder Frühkartoffeln. Man setzt die Jungpflanzen beim italienischen Palmkohl mit einem Abstand von 50 cm. Größer werdende Sorten wie die 'Ostfriesische Palme' benötigen einen Standplatz von 80 cm.

GUTE PFLEGE

In der Jugendentwicklung benötigen die Pflanzen reichliche Wassergaben, durch regelmäßiges Hacken kann die Verdunstung auf dem Beet niedrig gehalten werden. Im September noch einmal düngen. Gegen den Kohlweißling hilft ein Kulturschutznetz. Hohen Sorten einen Stützstab geben!

RICHTIG ERNTEN

Sobald die Pflanzen ca. 40 cm hoch sind, können Sie einzelne Blätter pflücken und beispielsweise in eine Gemüsesuppe oder Gemüsepfanne geben. Nach dem ersten Frost schmeckt Palmkohl aromatischer und süßer, dann beginnt die eigentliche Erntezeit. Nun können Sie bis zu einem Drittel der Blattmasse auf einmal abnehmen, die Pflanzen wachsen an warmen Tagen weiter.

SORTEN FÜR DEN GARTEN

— **'Cavolo Nero'** heißt die italienische Variante des Palmkohls und wird auch Schwarzkohl genannt. Die Pflanzen tragen dunkelgrüne Blätter, die nicht kraus, sondern blasig aussehen. Sie sind angeordnet wie bei einer Palme. Sehr dekorative Pflanze, auch für den Kübel geeignet.

— **'Braunkohl Rote Palme'** ist aus der Kreuzung alter Sorten hervorgegangen. Die Pflanzen werden 1,80 m hoch und machen sich auch toll im Staudenbeet. Bei Frost werden die Blätter dunkelviolett!

— **'Ostfriesische Palme'** ist eine traditionelle Sorte, bei der die unteren Blätter als Tierfutter verwendet werden, die zarten oberen Rosetten landen in der Küche. Ganz am Ende kann ebenso der Stamm verwendet werden, dazu wird er zuvor geschält – eine alte ostfriesische Bezeichnung lautet daher auch Strunkkohl.

IN DER KÜCHE

Ich dünste klein geschnittenen Palmkohl zusammen mit einer Zwiebel für etwa eine halbe Stunde in Öl. Oder aber ich gebe einige Streifen davon in ein Mischgemüse oder eine Suppe. Es gilt: Je zarter die Blätter, desto kürzer die Garzeit.

1

1. Palmkohl hat hübsche Blätter, so dass sich ein Anbau im Kübel aus dekorativen Gründen durchaus lohnt.

2. Wie beim Grünkohl auch, verbessert leichter Frost das Aroma des Palmkohls.

CHECKLISTE FÜR DEN ANBAU

- ☐ A IV bis VI P IV bis V E VII bis III
- ☐ Pflanzenabstand 50 × 50 cm
- ☐ mag auch kühles Klima
- ☐ braucht ggf. Stütze
- ☐ Zierde im Staudenbeet
- ☐ leichte Anfängerkultur
- ☐ Beet ✓ Hochbeet ♦ Kübel ♦

2

Sprouting Brokkoli

Der Clou bei diesem Gemüse ist, dass es im Frühjahr über eine längere Zeit beerntet wird, wenn fast nichts anderes frisch aus dem Garten geholt werden kann. Es gedeiht besonders gut in wintermilden Gegenden und ist in England sehr beliebt.

Sprouting Brokkoli ist eng mit dem normalen Brokkoli und dem Blumenkohl verwandt.

AUSSAAT IM GARTEN

Der Sprouting Brokkoli wird im Juni oder Juli ausgesät. Ich säe auf einem kleinen Anzuchtbeet aus und lasse die Pflanzen dort stehen, bis an einer anderen Stelle im Garten Platz frei geworden ist. Spätestens Ende September sollten die Jungpflanzen auf ihren endgültigen Standplatz gesetzt werden, der sonnig aber möglichst etwas windgeschützt ist. Jetzt hat der Brokkoli noch Zeit, gut anzuwurzeln und weiterzuwachsen. Der Pflanzabstand beträgt etwa 60 × 60 cm

GUTE PFLEGE

Düngen Sie bei der Pflanzung noch einmal und hacken Sie zwischen den Pflanzen, damit der Boden gut atmen kann. Eine kleine Kalkgabe ist willkommen. Ist stärkerer Frost vorhergesagt, bedecke ich den Brokkoli mit einem Vlies, das ich abnehme, wenn die Temperaturen wieder über den Gefrierpunkt gehen. Sobald die Frühjahrssonne sich häufiger zeigt, beginnen die Pflanzen wieder zu wachsen und setzen meist ab März oder April erste Blütenröschen an.

RICHTIG ERNTEN

Kurz bevor sich die Blüten öffnen, werden die Blütenstände mitsamt dem Stängel geschnitten. Häufiges Ernten regt weitere Blütenbildung an. Auch die zarten Blätter, die an den Stängeln sitzen, können mit geerntet werden.

SORTEN FÜR DEN GARTEN

Beim Sprouting Brokkoli gibt es etliche Sorten, die in einigermaßen mildem Klima überwintert werden können. Gut erhältlich sind:

CHECKLISTE FÜR DEN ANBAU

- ☐ A VI bis VII P IX E III bis V
- ☐ Pflanzenabstand 60 × 60 cm
- ☐ verträgt kühles Klima
- ☐ Beet ✓✓ Hochbeet ✓ Kübel ✗

Die Blütenstände des Sprouting Brokkoli können bläulich, weinrot oder auch weiß sein. Man sollte ernten, bevor sich die kleinen Knospen öffnen.

— **'Sprouting Extra Early Rudolph'** ist eine sehr frühe Sorte mit langen Trieben und violetten Blumen.
— **'Sprouting Early White Eye'** trägt cremeweiße Blüten an langen schlanken Trieben, die zart und wohlschmeckend sind. Ausgesät wird im Mai.

IN DER KÜCHE

Der Brokkoli schmeckt ähnlich dem Grünspargel. Er wird 10 bis 15 Minuten in Salzwasser gekocht – sollte aber bissfest bleiben. Er eignet sich sehr gut für gemischtes Gemüse, auch die Stiele und zarten Blätter kann man gut mitessen. Mit zerlaufener Butter angerichtet, ist der Brokkoli eine Delikatesse! In den Blütenknospen halten sich manchmal kleine Insekten versteckt. Sie lassen sich am besten beseitigen, wenn Sie den Kohl für ein paar Minuten in Wasser mit einem Schuss Essig oder einem Löffel Salz tauchen – dann schwimmen sie oben.

Nach der Ernte sollte man den Brokkoli bald verwerten – dann schmeckt er am besten. Man kann auch die Stiele und die zarten Blätter mitessen.

KNOLLEN-GEMÜSE

Erdmandel

Die Erdmandel, die auch als Tigernuss bekannt ist, gilt derzeit als „Superfood". Sie kommt zwar aus tropischen Gefilden, ist aber hierzulande ebenso sehr leicht zu kultivieren. In wärmeren Gebieten breitet sie sich sogar unkontrolliert aus.

Erdmandeln *(Cyperus esculentus)* kommen aus den subtropischen Gegenden in Nordamerika und sind dort sehr ausbreitungsfreudig. Als Neophyt können sie weniger wüchsige, einheimische Gewächse verdrängen. Lassen Sie deshalb Erdmandeln nicht einfach in die Natur gelangen!

ANZUCHT UND PFLANZUNG

Da die Erdmandel wärmeliebend ist, erreichen Sie einen Wachstumsvorsprung, wenn Sie die Pflanzen im Haus vorziehen. Weichen Sie die „Mandeln" – es sind Wurzelstücke – ein bis zwei Tage in Wasser ein, bevor Sie sie in Töpfchen mit Erde legen. Wenn es keinen Frost mehr gibt, werden die kleinen Pflänzchen, die wie Grasbüschel aussehen, ausgepflanzt. Man kann aber auch ab Mai direkt ins Beet aussäen. Der Abstand zwischen den Pflanzen sollte 20 bis 30 cm betragen. Ein sonniger Standort in lockerer Erde wird bevorzugt. Die Kultur in Kübeln ist sehr gut möglich, die Gräser werden bis zu 50 cm hoch und sind sehr dekorativ.

GUTE PFLEGE

Bei der Erdmandel handelt es sich um ein sehr anspruchsloses Gewächs. Eine Düngung bei der Pflanzung reicht aus, wichtig ist nur regelmäßiges Wässern.

RICHTIG ERNTEN

Erntezeit ist, wenn das Kraut nach dem ersten Frost vergilbt ist! An den Wurzeln haben sich in den letzten Monaten kleine Knöllchen gebildet, die Sie mitsamt der Pflanze ausgraben. Schütteln Sie dann die Erde von den Wurzeln ab und sammeln Sie die

TIPP

Bewahren Sie ein paar „Mandeln" für die eigene Aussaat im Folgejahr auf!

CHECKLISTE FÜR DEN ANBAU

- ☐ A III bis IV P V E XI bis XII
- ☐ Pflanzenabstand 20 × 30 cm
- ☐ lange Standzeit
- ☐ wärmeliebend
- ☐ leichte Anfängerkultur
- ☐ Beet ✓ Hochbeet ✓ Kübel ✓

„Mandeln" ein. Anhaftende Erde wird abgewaschen, und die Knöllchen werden abschließend mit einem Handtuch trocken gerubbelt. Um sie länger zu lagern, müssen sie ausgebreitet und noch weiter getrocknet werden. Aber man kann sie auch frisch nach der Ernte naschen.

IN DER KÜCHE

Erdmandeln schmecken wie eine Mischung aus Mandeln und Kokosnuss. Getrocknete Erdmandeln sind sehr hart und müssen erst wieder in Wasser eingeweicht werden, bevor man sie verwerten kann. Danach lassen sie sich im Mixer zu einer Erdmandelmilch pürieren oder aber man mahlt sie und setzt das Mehl Keksen oder Kuchen zu. Auch im Müsli ist die Erdmandel eine leckere Variante zu anderen Nüssen.

1

2

1. Die Erdmandel gehört in die Familie der Sauergräser.

2. Die kleinen Knöllchen, die an den Wurzeln haften, werden von Erde befreit und gründlich gewaschen, bevor man sie verzehrt. Ich finde sie frisch am besten!

Bunte Kartoffeln

Der Anbau von Kartoffeln ist unkompliziert. Sie können auch auf Flächen angebaut werden, die gerade erst gerodet bzw. urbar gemacht worden sind. Es sind zahlreiche unterschiedliche Sorten, auch in verschiedenen Farben, für den Eigenanbau erhältlich.

Kartoffeln *(Solanum tuberosum)* gehören zu den Nachtschattengewächsen und sind mit der Tomate, Paprika, Aubergine, Andenbeere und auch dem Tabak verwandt. Im Herkunftsgebiet der Kartoffel, in den Anden, bauten die Inkas schon vor 2.000 Jahren die Knollen an. Erst zum Ende des 17. Jahrhunderts hat sich der Anbau der Kartoffel, die die Spanier ein Jahrhundert zuvor von Entdeckungsfahrten nach Südamerika mitgebracht hatten, in Mitteleuropa durchgesetzt. Heute geht man weltweit von mehr als 2.000 Sorten aus.

ANZUCHT UND PFLANZUNG

Die Pflanzen gedeihen am besten auf leichten bis mittelschweren Böden ohne Staunässe. Da Kartoffeln frostempfindlich sind, sollte man sie nicht vor Anfang April pflanzen. Ich lege die Knollen etwa sechs Wochen vorher in einem hellen, etwa 10 bis 15 °C warmen Raum zum Vorkeimen aus. Dadurch lässt sich die Ernte der Knollen um zwei bis drei Wochen verfrühen. Im Beet werden die Knollen dann mit den Augen bzw. Austrieben nach oben etwa 10 cm tief ausgelegt. Der Boden wird vorab mit Stallmist, Kompost oder einem anderen organischen Dünger angereichert.

GUTE PFLEGE

Sobald das Kartoffelgrün aus dem Boden kommt, sollte man mit dem Anhäufeln beginnen. Sinn dieser Arbeit ist es, den Boden zu lockern, was sich positiv auf die Bildung von Knollen auswirkt und der Entwicklung grüner Stellen an den Kartoffeln entgegenwirkt. Auch Rasenschnitt ist willkommen und unterdrückt die Bildung von Unkraut. Halten Sie die Pflanzen im Kübel, befüllen Sie diese zuerst nur halb mit Erde und geben dann immer noch etwas Erde dazu. Das ersetzt das Anhäufeln im Beet. Bei längerer Trockenheit sollte ab Mitte/Ende Mai

1

1. Vorgekeimte Kartoffeln kommen etwa zwei Wochen eher aus der Erde!

2. Sind die Pflanzen aufgelaufen, können Sie das erste Mal anhäufeln. Damit verbessern Sie den Ertrag und beugen der Bildung grüner Stellen auf den Kartoffeln vor.

2

auch regelmäßig gegossen werden, damit Sie im Herbst große Knollen ernten können.

ERNTEN UND LAGERN

Kartoffeln sollten je nach Sorte etwa zwei bis drei Wochen nachdem das Laub abgestorben und gelb geworden ist, geerntet werden. Bei frühen Sorten kann das schon Anfang Juli der Fall sein – hier darf das Laub auch noch etwas grün sein, dann hat man zartere Knollen –, späte Sorten bleiben bis in den Herbst in der Erde. Vor der Ernte entfernen Sie bei späteren Sorten das abgestorbene Laub und heben die Erde dann vorsichtig mit einer Grabegabel auf. Die Kartoffeln liegen meist ziemlich dicht beieinander.
Beschädigte Knollen sortieren Sie für den Sofortverzehr aus. Die anderen Kartoffeln müssen erst ein wenig abtrocknen, bevor sie im Keller eingelagert werden können (Achtung: Frühkartoffeln sind

CHECKLISTE FÜR DEN ANBAU

- ☐ A IV bis V E VII bis X
- ☐ Pflanzenabstand 45 × 70 cm
- ☐ verträgt kühles Klima
- ☐ leichte Anfängerkultur
- ☐ Beet ✓✓ Hochbeet ✓ Kübel ✓

Blaufrüchtige Sorten kann man bereits an der Bildung blauer Stängel erkennen.

schlecht lagerfähig. Bauen Sie zum Einlagern daher späte Sorten an, die haben eine dickere Schale!). Breiten Sie die Knollen dazu auf dem Rasen oder einer anderen Fläche für ein paar Stunden aus. Kartoffeln müssen dunkel gelagert werden, damit sie nicht frühzeitig austreiben. Eine luftige Kartoffelstiege in einem nicht zu trockenen und kühlen Keller (optimal sind ca. 5 °C) ist der beste Lagerplatz. Wer keinen Keller hat, kann Kartoffeln auch einige Wochen im Gemüsefach des Kühlschranks aufbewahren.

IN DER KÜCHE

Mittlerweile führen viele Discounter nur noch eine Kartoffelsorte mit der Bezeichnung „überwiegend festkochend“. Damit lassen sich leidlich alle gängigen Kartoffelgerichte herstellen. Früher hielten die Händler mehrere Kartoffel-Sorten vor, so dass man für unterschiedliche Gerichte geeignete Kartoffeln kaufen konnte. Für die Zubereitung von Kartoffelpüree, Suppe, Rösti, Klößen oder Gratins sind mehlig kochende Kartoffeln besser geeignet als festkochende Sorten. Letztere hingegen eignen sich hervorragend für Kartoffelsalat und für Bratkartoffeln. Auf dem Markt oder in einem gut sortierten Supermarkt dürften Sie auch heute noch die passende Sorte finden. Für den eigenen Anbau lohnt eine gute mehlige Sorte besonders, da diese Kartoffeln am schwersten zu erhalten sind.

Die Sorte 'Rosara' hat eine rote Schale, aber gelbes, vorwiegend festkochendes Fruchtfleisch. Sie reift früh und bringt einen guten Ertrag.

Manche Sorten haben nicht nur eine farbige Schale, sondern auch buntes Fruchtfleisch.

1

2

3

1. 'Bamberger Hörnchen' ist eine würzig schmeckende Liebhabersorte.

2. 'Vitelotte' schmeckt einzigartig nussig und erinnert ein wenig an Maronen.

3. 'Rosa Tannenzapfen' reift mittelspät und ist festkochend.

SORTEN FÜR DEN GARTEN

Eine Hochleistungssorte für die industrielle Landwirtschaft muss andere Eigenschaften haben, als eine Liebhabersorte für den Anbau im Hausgarten. An dieser Stelle soll es daher nur um besondere Sorten gehen, die schwer oder gar nicht käuflich erwerbbar sind.

— **'Arran Victory'** – mehlig kochend. Die Knollen sind länglich und haben eine tiefviolette Schale. Das Fleisch allerdings ist sehr hell, fast weiß. Diese Sorte ist ertragreich und gut lagerfähig. Sie stammt von den Britischen Inseln und ist seit etwa 100 Jahren im Anbau.

— **'Aula'** – sehr mehlig kochend. Flache runde Knollen mit kräftig gelbem Fruchtfleisch. Sehr ausgeprägter kartoffeliger Geschmack. Bestens geeignet für Püree und Kartoffelklöße. Gut lagerfähig, sie erreicht den typischen Geschmack erst einige Wochen nach der Ernte.

— **'Bamberger Hörnchen'** – festkochend. Die eher dünnen und oft gebogenen – also hörnchenförmigen – Knollen haben eine gelb-rosefarbene Schale und hellgelbes Fleisch. Die Sorte ist nicht sehr ertragreich und gilt wegen ihres sehr würzigen Geschmacks als Liebhabersorte.

— **'Blauer Schwede',** auch 'Blaue Kongo' genannt – vorwiegend festkochend. Eine alte Sorte mit ovaler Knolle mit violett-grauer Schale und blauem Fruchtfleisch. Der 'Blaue Schwede' eignet sich auch für den Anbau in kühleren Regionen oder Höhenlagen bis 1.200 m und ist lagerfähig.

— **'Highland Burgundy Red'** – mehlig. Diese Liebhabersorte hat eine unscheinbare graue bis leicht rötliche Schale und kräftig rot marmoriertes Fruchtfleisch. Sie stammt aus Schottland und wurde dort um 1900 gezüchtet.

— **'La Ratte'** – überwiegend festkochend. Eine Liebhabersorte aus Frankreich von 1872. Ihre Form erinnert an die dünne, hörnchenförmige Knolle des 'Bamberger Hörnchen', ist aber deutlich früher reif.

— **'Rote Emmalie'** – überwiegend festkochend. War 2018 Kartoffel des Jahres. Sie hat eine rote Schale und ein rotes Fruchtfleisch. Der Ertrag ist mittelmäßig. Ihr Geschmack ist feinwürzig und aromatisch. Optisch ein echter Hingucker!

— **'St. Galler'** – festkochend. Eine ertragreiche blaue Sorte, die 2004 gezüchtet wurde. Die Knollen sind dunkelviolett marmoriert. Sie schmeckt intensiv kartoffelig.

— **'Vitelotte'** – festkochend. Eine blaue Sorte mit kleinen Knollen. Sie hat tiefe Augen, lässt sich aber als Pellkartoffel gut schälen. Der Ertrag ist gering, aber der Geschmack ist einzigartig: Er ähnelt dem von Maronen, ist nussig und vollmundig.

1. Diese Kartoffeln wurden drinnen ab März an einem hellen Fenster vorgezogen und kommen nach den Eisheiligen raus.

2. Beim Auspflanzen muss man aufpassen, die Wurzeln nicht zu verletzen. Die Pflanzen werden dann deutlich tiefer gesetzt.

3. Der Wachstumsvorsprung macht sich nach dem Umpflanzen in Kübel in einer früheren und auch größeren Ernte bemerkbar.

1

2

3

TIPP

Kartoffeln können gut auch in größeren Kübeln gezogen werden. Das macht vor allem Kindern Spaß!

Knollenziest

Knollenziest wird auch Stachys oder Crosne genannt. Das Feinschmeckergemüse ist in Deutschland noch weitgehend unbekannt und wird auf sehr gut sortierten Märkten angeboten. Ich finde den Knollenziest einfach nur lecker!

Knollenziest *(Stachys affinis)* wird in Ostasien schon seit mehreren Hundert Jahren kultiviert. In Europa fanden erste Anbauversuche Ende des 19. Jahrhunderts in dem kleinen Ort Crosnes bei Paris statt – unter diesem Namen wurde das Feingemüse in Frankreich bekannt und fand viele Anhänger. In Deutschland hat sich der Anbau nie im größeren Stil durchsetzen können. Es ist nur eine Sorte Knollenziest bekannt. Pflanzgut wird im Internet von Anbietern seltener Nutzpflanzen gehandelt und teilweise auch auf Tauschbörsen angeboten.

ANZUCHT IM GARTEN

Die Knöllchen werden im Spätwinter bis spätestens April 5 bis 10 cm tief in den Boden gelegt. Man kann sie in Horsten zu je drei Knollen anordnen, die dann jeweils 30 bis 40 cm Abstand zueinander haben sollten. Die Pflanzen erinnern optisch an die Marokkanische Minze und werden ca. 40 cm hoch. Sie bevorzugen einen humosen, gleichmäßig feuchten Boden und kommen in Sonne und Halbschatten zurecht. Knollenziest eignet auch sich sehr gut für Kübel und Hochbeet.

GUTE PFLEGE

Bis zum Erscheinen des Grüns muss man lediglich das Beet frei von Unkraut halten, danach ist keine besondere Pflege mehr nötig. Sind die Pflanzen ca. 10 cm hoch, kann man sie ein wenig anhäufeln, was die Knollenbildung anregt. Auch wenn man im Spätsommer die Triebspitzen ein wenig einkürzt, befördert dies das Wachstum der Knollen, die etwas gewöhnungsbedürftig aussehen und manch einen an Raupen, andere an das Michelin-Männchen erinnern.

Wühlmäuse wissen die kleinen Knollen zu schätzen. Man kann sich davor schützen, indem man den Knollenziest in vergrabenen Kübeln (mit Wasserabzugslöchern) zieht, dies beugt auch der unkontrollierten Vermehrung der Pflanzen vor. Insgesamt wächst Knollenziest sehr gesund und hat kaum Antagonisten.

RICHTIG ERNTEN

Geerntet wird im Spätherbst mit Hilfe der Grabegabel. Solange der Boden offen ist, kann bis Februar immer wieder nach Bedarf geerntet werden. Bei der

Knollenziest erinnert vom Blatt her an Marokkanische Minze oder auch Zitronenmelisse.

CHECKLISTE FÜR DEN ANBAU

- ☐ A I bis IV E X bis XII
- ☐ Pflanzenabstand 40 × 40 cm
- ☐ lange Standzeit
- ☐ keine hohen Temperaturansprüche
- ☐ robust
- ☐ leichte Anfängerkultur
- ☐ Beet ✓✓ Hochbeet ✓ Kübel ✓

Ernte im Boden verbliebene Knollen bilden im kommenden Jahr wieder neue Stauden. Im Frühjahr sollten die jungen Pflanzen eine mittlere Portion Kompost erhalten. Nach drei bis vier Jahren muss der Knollenziest auf ein neues Beet umziehen, um Ertragsschwäche und Erkrankungen vorzubeugen.

IN DER KÜCHE

Im Garten macht Knollenziest kaum Arbeit, hingegen hat man in der Küche etwas Mühe damit, die Knöllchen zu putzen. Eine Gemüsebürste ist dabei hilfreich. Die nussig schmeckenden Knollen können dann einfach roh geknabbert werden, sie machen sich auch gut in einer winterlichen Rohkostmischung. Kurz bei milder Temperatur in Butter gebraten und leicht gesalzen, kommt der feine Geschmack der Knollen am stärksten zur Geltung.
Knollenziest passt aber auch gut zu einem Wokgemüse mit gebratenen Hähnchenbruststreifen. Und auch in Kombination mit Fisch, z. B. Kabeljau oder Lachs, schmecken die kleinen Knollen – geben Sie dann unbedingt einen Spritzer Zitrone dazu.

ERNTEZEIT

Die kleinen Knollen haben tiefe Einschnürungen, in denen sich Erde festsetzt. Deshalb ist die Reinigung in der Küche ein bisschen aufwändig. Es hilft, sie eine Zeit lang in lauwarmen Wasser zu baden.

Oca

Die auch Knolliger Sauerklee genannte Oca stammt aus Südamerika und wird dort vor allem in Hochlagen kultiviert. Man verzehrt die Knollen der Pflanze, die ein bisschen an Kartoffeln erinnern, dabei aber säuerlich schmecken.

Oca sind auch ein schönes Balkongemüse. Die Blätter sind dekorativ und das insbesondere im Herbst, wenn die meisten Balkonblüher nicht mehr viel hergeben. Drohen erste Fröste, können Sie den Kübel über Nacht reinstellen und somit die Kulturdauer deutlich verlängern, was sich sehr positiv auf den Ertrag auswirkt.

ANZUCHT UND PFLANZUNG

Sauerklee *(Oxalis tuberosa)* wird ausschließlich vegetativ vermehrt. Dazu legt man ab Ende April je drei bis vier Knollen mit einem Abstand von ca. 30 bis 40 cm etwa 3 bis 4 cm flach unter die Erde. Bedenken Sie, dass die Pflanzen zunächst sehr langsam wachsen. Sie kommen erst in Fahrt, wenn die Tage ab Mitte des Sommers wieder kürzer werden, breiten sich dann aber stark aus. Vorher können Sie den Platz rundherum noch für andere schnelle Kulturen nutzen.

Alternativ können Sie die Oca-Knollen ab März in Töpfen vortreiben und nach den letzten Nacht-

CHECKLISTE FÜR DEN ANBAU

- ☐ A V E X bis XI
- ☐ Pflanzenabstand 30 × 40 cm
- ☐ mittlerer bis hoher Platzbedarf
- ☐ lange Standzeit
- ☐ keine hohen Temperaturansprüche
- ☐ robust
- ☐ leichte Anfängerkultur
- ☐ Beet ✓ Hochbeet ✓ Kübel ✓

Oca-Pflanzen breiten sich im Sommer schnell im Beet aus.

1

1. Heben Sie bei der Ernte den ganzen Wurzelballen mit der Grabegabel aus der Erde und sammeln Sie dann einfach die Knollen ab.

2. Oca gibt es in vielen intensiv leuchtenden Farben.

frösten als kleine Pflänzchen ins Beet setzen. Oca mag einen leichten humosen Boden und wächst auch im Halbschatten.

GUTE PFLEGE

Es gibt kaum ein Gemüse, das pflegeleichter ist: Regelmäßig gießen, mehr brauchen Sie fast nicht zu tun. Auch Schnecken machen einen Bogen um die Pflanzen! Mitte des Sommers sollten Sie die Oca nicht mehr düngen, weil sie ansonsten mehr Blattmasse und weniger Knollen ausbildet. Erst im Herbst braucht die Pflanze dann etwas Aufmerksamkeit, die Knollen kommen nämlich sehr spät. Um eine gute Ernte zu erreichen, sollten Sie die Oca bei den ersten Nachtfrösten mit Vlies oder einer Decke schützen, damit sie danach noch weiter produktiv sein kann. Wenn Sie die Pflanzen im September etwas anhäufeln, erhöhen Sie damit ebenfalls den Ertrag.

RICHTIG ERNTEN

Zu Beginn der Saison kann man von der Oca auch mal ein paar Blätter in den Salat schneiden. Sie schmecken zitronig-herb. Ab Ende Juni sollten Sie darauf verzichten, weil die Blätter dann zuviel Oxalsäure enthalten. Die Knollen werden erst geerntet, wenn die Pflanze im Herbst abstirbt. Dazu nehmen Sie das Blattwerk hoch und sammeln die ziemlich oberflächlich an den vielen Wurzeln hängenden Knöllchen ein.

2

IN DER KÜCHE

Oca können bis etwa Februar an einem kühlen Ort in Sand eingeschlagen werden. Ebenso halten sie im Kühlschrank einige Zeit. Der säuerliche Geschmack wird weniger, wenn Sie die Knollen vor dem Verzehr einige Tage in der Sonne lagern.
Zubereitet werden Oca ähnlich wie Kartoffeln. Sie brauchen nicht geschält, sondern nur gut gewaschen zu werden. In Scheiben geschnitten und in Olivenöl gedünstet oder auf dem Blech gebacken finde ich sie am leckersten. Wegen der leichten Säure mag ich sie auch gerne zu Fisch und Krustentieren oder in einem Salat mit vielen Kräutern.

Süßkartoffel

Ursprünglich aus Asien stammend, wird die Süßkartoffel heute in fast allen wärmeren Ländern der Erde angebaut. Man verzehrt die Speicherwurzel, aber ebenso die Blätter sind als Spinat essbar. Die Pflanzen lassen sich gut auch in einem größeren Kübel oder im Hochbeet anbauen.

1

Süßkartoffeln, auch Bataten genannt, sind mit unserer Kartoffel nur sehr entfernt verwandt. An ihren Blättern und Blüten lässt sich leicht ihre Familienzugehörigkeit zu den Windengewächsen wie Zaunwinde & Co. erkennen. Daher kann man das exotische Gemüse, von dem es mittlerweile viele Sorten für den Anbau im eigenen Garten gibt, gut in die Gemüsebeete/Fruchtfolge integrieren.

ANZUCHT UND PFLANZUNG

Wer es sich leicht machen möchte, kauft fertige Pflanzen, die es mittlerweile in etwas größeren Gärtnereien oder Gartencentern gibt. Da die Süßkartoffel *(Ipomoea batatas)* keinen Frost verträgt, darf erst nach den Eisheiligen ausgepflanzt werden. Das Gemüse schätzt humosen lockeren Boden, der gut gedüngt sein sollte. Eine sonnige Lage ist willkommen. In den ersten Wochen wachsen die Pflanzen eher langsam. Kommen sommerliche Temperaturen, legen sie ordentlich zu und können dann bis zu einen Quadratmeter Platz in Anspruch nehmen.
Man kann die langen Ranken aber auch aufbinden und damit etwas Platz sparen. Sehr toller Nebeneffekt der langen Ranken: Sie bedecken im Sommer vollständig den Boden und lassen nahezu kein Unkraut durch!

2

GUTE PFLEGE

Anfangs sollten Sie die jungen Pflanzen von konkurrierenden Unkräutern frei halten. Da es eine Zeit dauert, bis sie wirklich groß werden, können Sie bis dahin auch schnellwüchsige Kulturen wie Radieschen, Rauke oder Salat drumherum pflanzen.
Ist die Süßkartoffel erst einmal kräftig herangewachsen, benötigt sie nur noch ein bis zwei stickstoffhaltige Düngergaben und regelmäßige Bewässerung während der Vegetationszeit. Wenn schon früh im Jahr Nachtfröste kommen, sollten Sie die Pflanzen mit einer doppelten Lage Vlies oder einer Decke schützen – vielleicht kommen ja noch ein paar

CHECKLISTE FÜR DEN ANBAU

- ☐ A II bis III P V bis VI E IX bis X
- ☐ Pflanzenabstand 40 × 60 cm
- ☐ hoher Platzbedarf
- ☐ lange Standzeit
- ☐ wärmeliebend
- ☐ robust
- ☐ leichte Anfängerkultur
- ☐ Beet ✓✓ Hochbeet ✓ Kübel ✓

1. Wenn Sie keinen Platz im Beet haben, können Sie Süßkartoffeln auch in einem Kübel oder Pflanzsack ziehen.

2. Die Ranken verdecken nach einiger Zeit das Pflanzgefäß annähernd vollständig.

Lagern Sie die Knollen nach dem Ernten ein paar Tage im warmen Zimmer, dann werden sie noch süßer.

schöne Tage und Sie können später dann größere Knollen ernten. Insgesamt sind Süßkartoffeln einfach anzubauen, wenn man ihnen einen warmen Standort mit viel Wurzelraum gibt. Bisher werden sie von Schädlingen und Pflanzenkrankheiten verschont und sind robust. Nur Mäuse scheinen die süßlichen Knollen auch sehr zu mögen.

RICHTIG ERNTEN

Je später Sie ernten, desto mehr Zeit haben die Knollen, sich zu entwickeln. Oktober ist eine gute Zeit für die Ernte. Nach dem ersten Frost ist allerdings Schluss.

Spätestens wenn das Laub vergilbt ist, können Sie die Speicherwurzeln ausgraben. Nehmen Sie dazu eine Grabegabel und gehen Sie vorsichtig vor. Bataten, die verletzt worden sind, werden als erstes verzehrt. Die anderen halten im trockenen Keller etwa sechs bis acht Wochen. Die Lagerung in der Wärme über ein paar Tage verbessert den Geschmack der Knollen – sie werden süßer.

IN DER KÜCHE

Die Knollen können Sie ähnlich wie unsere normalen Kartoffeln verwenden. Sie haben – wie der Name verrät – einen süßen Geschmack. Sehr

Die Sorte 'Beauregard' bildet intensiv orange Knollen und hat einen hohen Ertrag.

lecker sind sie als Blechkartoffeln bzw. in einem gemischten Ofengemüse. Man kann aus ihnen auch ein Püree herstellen, für eine bessere Konsistenz können Sie dies zur Hälfte mit normalen Kartoffeln mischen. Möchten Sie knusprige Pommes aus den Süßkartoffeln herstellen, sollten Sie diese in Streifen schneiden und eine Stunde wässern, bevor sie mit Speisestärke bestäubt in die Fritteuse gehen.
Sie können Süßkartoffeln auch zu einer herzhaften Gemüsepfanne geben, gut passt eine Kombination mit Paprika, Lauch oder Wirsingkohl. Ein paar Spritzer Zitronensaft heben das Aroma der Süßkartoffel.

BLATTRANKEN

Süßkartoffeln bilden ab Juli lange Blattranken, mit denen sie schnell das Beet bedecken und Unkraut unterdrücken.

Achten Sie beim Ausgraben der Knollen darauf, dass sie nicht verletzt werden. Es besteht die Gefahr, dass Fäulnis an Bruchstellen entsteht und die Haltbarkeit verringert. Kultivieren Sie die Süßkartoffeln in einem Kübel, kippen Sie diesen am besten vorsichtig aus.

SORTEN FÜR DEN GARTEN

— **'Beauregard'** ist eine weitverbreitete Sorte mit großen, orangeschaligen Knollen und orangefarbenem Fruchtfleisch. Der Geschmack ist leicht süßlich. Hoher Ertrag.
— **'Bonita'** hat eine leicht rosa Schale, das Fleisch ist weißgelb.
— **'Burgundy'** sieht mit der weinroten Schale sehr hübsch aus, das Fruchtfleisch ist orange. Der Ertrag ist gut.
— **'Evangeline'** hat rot-violette Knollen mit orangem Fleisch. Aromatischer Geschmack, braucht aber in der Entwicklung länger als andere Sorten.
— **'Murasaki'** hat eine kräftig rot-violette Schale und cremeweißes Fleisch. Leicht nussiger Geschmack. In Asien sehr beliebt.

TIPP

Wer die Süßkartoffeln in humosen Boden setzt und in der Hauptwachstumszeit öfter mal eine Stickstoffgabe verabreicht kann pro Pflanze mit etwa 2 kg Knollen rechnen. Kleiner Nachteil: Die leckeren Knollen sind nicht so lange lagerfähig wie gewöhnliche Kartoffeln.

SÜSSKARTOFFELN SELBST VORZIEHEN

Zur Stecklingsgewinnung gibt es zwei Methoden. Entweder Sie legen ab Februar Knollen auf ein Substrat, das Sie feucht halten und stellen das Ganze in einen warmen Raum. Oder aber Sie halbieren die Knollen und spießen sie auf drei Zahnstocher.

1.

Wenn Sie die Wasserglasmethode anwenden, müssen die Knollen ca. 1 bis 2 cm tief in das Wasserglas hängen können. Auch hier ist ein warmer Raum hilfreich.

2.

Bei beiden Methoden müssen Sie Geduld haben und abwarten, bis sich Triebe aus den Knollen entwickeln.

3.

Wenn diese ca. 5 cm lang sind, können sie ausgeschnitten und in 10-cm-Töpfe mit feuchter Erde gesetzt werden.

4.

Ziehen Sie eine Plastiktüte über die Töpfe und schließen Sie diese mit einem Gummi am Rand luftdicht ab. Unter dieser feuchten Atmosphäre wachsen die Triebe leichter an. Nach einigen Tagen werden Sie bemerken, dass die Triebe zu wachsen beginnen. Sie können die Tüte nun abnehmen. Achten Sie anfangs darauf, dass die Erde nicht austrocknet. Nach den Eisheiligen können Sie die selbstgezogenen Pflanzen nach draußen setzen.

Yacon

Die Yacon ist bei uns als Gemüse noch wenig bekannt. Sie stammt ursprünglich aus den Anden in Südamerika. Verzehrt werden die Wurzelknollen, aber auch die Blätter können als Tee verwendet werden, der bei Beschwerden im Verdauungssystem helfen soll.

Yacon *(Polymnia sonchifolia)* sind ziemlich robuste Pflanzen, die Sie auch in großen Kübeln ziehen können.

ANZUCHT UND PFLANZUNG

Die auch als Inkawurzel benannte Yacon können Sie selbst vermehren oder Sie kaufen sich Jungpflanzen. Diese kommen nach dem letzten Frost nach draußen. Anfangs wächst die Yacon langsam, ab August aber geht sie in die Breite und kann eine Höhe von bis zu 2 m erreichen. Das sollte man bei der Wahl des Standplatzes berücksichtigen. Auf leichten bis mittelschweren Böden gedeiht die Pflanze problemlos, bei schwerem Boden erreichen Sie einen besseren Ertrag, wenn Sie Yacon auf einem Damm anbauen. Ein sonniger Standort kommt der Pflanze entgegen. Wenn Sie richtig große Kübel mit mindestens 30 Liter Fassungsvermögen verwenden, können Sie Yacon auch auf Balkon und Terrasse ziehen.

GUTE PFLEGE

Anfangs benötigt Yacon regelmäßige Wassergaben und eine gute Düngung. Ansonsten ist sie ziemlich

CHECKLISTE FÜR DEN ANBAU

- ☐ A III P V E X bis XII
- ☐ Pflanzenabstand 80 × 100 cm
- ☐ hoher Platzbedarf
- ☐ lange Standzeit
- ☐ wärmeliebend
- ☐ braucht ggf. Stütze
- ☐ robust
- ☐ leichte Anfängerkultur
- ☐ Beet ✓ Hochbeet ♦ Kübel ♦

1

2

1. Die Blüten der Yacon sind klein, aber man erkennt die Zugehörigkeit zur Familie der Korbblütler.

2. Yacon halten sich mehrere Monate nach der Ernte, wenn man sie kühl und feucht lagert.

robust. Ist Ihr Garten windig gelegen, sollten Sie die Pflanze an einen Stützstab binden, sobald deren Höhenwachstum beginnt. Wenn ab Ende August die Ausbildung der Wurzelknollen zunimmt, ist es hilfreich, die Yacon etwas anzuhäufeln.

RICHTIG ERNTEN

Der erste Frost zerstört die Blätter der Pflanze und ist das Signal, die Knollen zu ernten. Das geschieht sehr vorsichtig, indem Sie die Knollen mit einer Grabegabel aus der Erde heben. Zerbrochene Knollen rasch verwerten, da sie sonst zu faulen beginnen. In Sand eingeschlagen halten sich unversehrte Knollen bis in den Februar.

YACON SELBST VERMEHREN

Wenn Sie einmal Yacon geerntet haben, können Sie in den Folgejahren leicht eigene Pflanzen ziehen. Dazu bewahren Sie den Wurzelstock der Pflanze über Winter wie Dahlienknollen auf. Etwa im März können Sie erkennen, wie sich erste Austriebe bzw. Augen am Wurzelstock bilden. Schneiden Sie diese nun so aus, dass Sie Teilstücke mit etwa drei bis vier Augen gewinnen und topfen Sie diese jeweils in mittelgroße Töpfe. Nach zwei bis drei Wochen treiben neue Pflanzen aus, die hell und zimmerwarm stehen sollten. Sie werden im Mai abgehärtet und nach dem letzten Frost ausgepflanzt.

IN DER KÜCHE

Yacon kann roh gegessen werden und erinnert dann etwas an Kohlrabi. Die frischen Knollen sind knackig und werden besonders von Kindern gerne geknabbert. Lässt man sie einige Tage an der Sonne liegen, werden sie noch süßer. Sie machen sich auch gut in einem Rohkostsalat.
Ebenso lassen sich die Knollen wie Kartoffeln in Wasser kochen und dann die Schale abziehen. In Scheiben geschnitten können sie gebraten werden. Sie passen ebenso gut in eine Gemüsepfanne. Geraspelte Yacon machen sich auch in einen Rührkuchen gut, der dadurch noch etwas saftiger wird.

SORTEN FÜR DEN GARTEN

Hierzulande gibt es noch keine nennenswerte Sortenvielfalt im Angebot. In den Ursprungsländern werden Yacon mit weißen, orangen und auch roten Wurzeln angebaut.

Service

WEITERFÜHRENDE INFORMATIONEN UND BEZUGSQUELLEN

Vereine zum Erhalt alter Kultursorten in Deutschland, Österreich und der Schweiz versenden auch Saatgut:

Der Verein zur Erhaltung der Nutzpflanzenvielfalt e. V. (VEN)
www.nutzpflanzenvielfalt.de

Arche Noah Österreich
www.arche-noah.at

Schweizer Stiftung ProSpecieRara, *www.prospecierara.ch*

BEZUGSQUELLEN FÜR SAATGUT UND PFLANZEN

Unter dem Namen Dreschflegel haben sich ökologisch wirtschaftende Betriebe zur Saatgutvermehrung, -züchtung und -vermarktung zusammengeschlossen.
www.dreschflegel-shop.de

Die Bingenheimer Saatgut AG entwickelt und vertreibt ökologisch produziertes Gemüsesaatgut für samenfeste, regional angepasste Sorten an Erwerbs- und Privatgärtner.
www.bingenheimersaatgut.de

Der Biolandhof Ellenberg in Niedersachsen hat etwa 100 alte und neue Kartoffelsorten und vermarktet davon rund 35 als Pflanzkartoffeln.
www.kartoffelvielfalt.de

Viele alte Sorten, aber auch exotisches Gemüsesaatgut bietet in guter Qualität der Raimund Biogartenbedarf.
www.biogartenbedarf.de

Selbstvermehrtes Saatgut bietet in kleinen Mengen Monika Gehlsen an.
www.monika-gehlsen.de

Beim britischen Anbieter Thompson and Morgan finden Sie einiges, was sie bei deutschsprachigen Anbietern vergeblich suchen.
www.thompson-morgan.com

Graines Baumaux in Frankreich haben ein unglaublich großes Angebot seltener Gemüsesorten in ihrem Programm.
www.graines-baumaux.fr

Rühlemanns ist zwar vor allem auf Duft- und Kräuterpflanzen spezialisiert, hat aber auch einige exotische Gemüsearten in seinem sehr großen Angebot. Schnuppern lohnt auf jeden Fall.
www.kraeuter-und-duftpflanzen.de

Lubera führt Pflanzen und Sämereien und hat auch ein recht umfangreiches Sortiment exotischer Gemüsearten im Angebot.
www.lubera.com

Christian Herb versendet biologisch hergestelltes Saatgut und eine große Auswahl auch exotischer Gemüsepflanzen.
www.bio-kraeuter.de

BEZUGSQUELLEN FÜR WEITEREN BEDARF FÜR DEN GEMÜSEGARTEN

Profi-Produkte auch für den Endkunden und Hobbygärtner bietet die dm-folien GmbH, dort erhalten Sie unter anderem Vlies und Folien in fast allen denkbaren Größen maßgenau von der Rolle geschnitten.
www.dm-folien.com

Die W. Neudorff GmbH bietet ein umfassendes Sortiment an Dünge- und Pflanzenschutzmittel sowie Nützlinge für den biologischen Gemüsegarten.
www.neudorff.de

Garten und Gabel bietet allerlei platzsparende und zusammenfaltbare Pflanzgefäße für Balkon und Terrasse sowie Gartenwerkzeug und Sämereien.
www.gartenundgabel.com

Bodenuntersuchungen können Sie bei Ihren regionalen Landwirtschaftlichen Untersuchungsanstalten (LUFA) durchführen lassen. Adressen erhalten Sie im Internet.

TAUSCHBÖRSEN

www.saatgut-tauschen.de
www.tauschgarten.de

INFORMATIVE WEBSEITEN

Die Autorin dieses Buches unterhält eine Webseite, auf der etwa 50 Gemüsearten vorgestellt werden.
www.gemuese-info.de

Der „Bio-Gärtner“ bietet auf seiner Seite umfangreiche Informationen zum ökologischen Gärtnern im Netz. Nicht nur, aber sehr ausführlich auch zu Gemüse.
www.bio-gaertner.de

In diesem Gartenforum tragen viele Gärtnerinnen und Gärtner ihre Erfahrungen zusammen, es gibt ein umfassendes Unterforum zum Gemüseanbau.
www.garten-pur.de

Vielfältige Prof-Informationen auch zum Gemüseanbau im Garten erhalten Sie auf den Seiten der Bayerischen Landesanstalt für Weinbau und Gartenbau.
www.lwg.bayern.de

Ein Luxemburger Gärtner pflegt in seinem großen Gemüsegarten 170 verschiedene Arten in etlichen Sorten. Auf seiner Webseite finden Sie umfangreiche Kulturanleitungen und Beschreibungen.
www.kraizschouschteschgaart.info

Der Tomatenatlas ist ein Mitmachprojekt eines Tomatenfreundes aus Sachsen. Mittlerweile sind fast 6.500 Sorten erfasst und beinahe täglich werden es mehr.
www.tomaten-atlas.de

REGISTER

Abelmoschus esculentus 54 f.
Abhärten, Jungpflanzen 12
Amarant 74 f.
Ananaskirsche 62 ff.
Andenbeere 62 ff.
Anfängerkultur 44, 89, 95, 105, 107, 113 f., 117
Anzucht, Gemüse 10
Anzucht, Süßkartoffeln 121
Anzucht, Tomaten 66
Anzuchterde 10
Aptenia cordifolia 85
Artischocke 34 f.
Asia-Kohl und -Salate 94 ff.
Aubergine 38 ff.
Aubergine, Sorten 37
Aubergine 'Bambino' 38
Aubergine 'Cannibal Tomato' 38
Auberginenpüree 39
Ausgeizen 67
Aussaat im Beet 14 f.
Aussaattiefe 10

Balkon 24 f.
Baumspinat 76 f.
Baumtomaten 68
Beet vorbereiten 14
Beta vulgaris ssp. *cicla* 80 ff.
Blattgemüse 72 ff.
Blattläuse 30
Boden 18 ff.
Bodenlebewesen 18
Bodenpflege 20
Bodenuntersuchung 19
Bohnen 40 ff.
Bohnen-Sorten 42
Bokashi 19
Braunfäule 30, 68
Brokkoli, Chinesischer 94
Brokkoli, Sprouting 100 f.

Capsicum 56 ff.
Chenopodium giganteum 76 f.
Chili 56 ff.
Chili-Sorten 60
Cichorium intybus 88 f.
Cucumis sativus 45 f.
Cylanthera pedata 50 f.
Cynara cardunculus 34 f.
Cyperus esculentus 104 f.

Dünung 18 f.

Eiskraut 85
Erbsen 43 ff.
Erbsen, Sorten 43 f.
Erbse 'Blauwschokker' 43 f.
Erde, Anzucht 10
Erdmandel 104 f.

Feuerbohnen 41
Folienhaus 16 f.
Frost 12
Fruchtbarkeit, Boden 18
Fruchtfolge 28
Fruchtgemüse 32 ff.
Fuchsschwanz 74 f.

Gartengeräte, richtige 20
Gewächshaus 16 f.
Gießen 21
Gießen, Hochbeet 21
Gießen, Jungpflanzen 12
Gießen, Kübel 21
Gießen, Menge 21
Gießen, Zeitpunkt 21
Gurke 45 ff.
Gurke, Sikkim- 49
Gurke, Weiße 49
Gynura crepioides 86 f.

Hasendraht 23
Hauswand 17
Hirschhornwegerich 78 f.
Hochbeet anlegen 22 f.
Hörnchenkürbis 50

Inkgagurke 50 f.
Ipomoea batatas 116 ff.

Jungpflanzen abhärten 12

Jungpflanzen gießen 12
Jungpflanzen, Pflege 12

Kälteschutz 16
Kapstachelbeere 62 ff.
Kapuzinererbsen 43
Karde 34 f.
Kartoffel-Sorten 110
Kartoffel 'Bamberger Hörnchen' 110
Kartoffel 'Rosa Tannenzapfen' 110
Kartoffel 'Rosara' 109
Kartoffel 'Vitelotte' 110
Kartoffel, Pflanzsack 25
Kartoffeln vorziehen 111
Kartoffeln, bunte 106 ff.
Keimtemperatur, optimale 10
Kiwano 45, 48 f.
Klimaveränderung 8 f., 16
Knollengemüse 102 ff.
Knollenziest 112 f.
Kohlgemüse 92 ff.
Kompost 19
Krankheiten 27, 30
Kübel, Erde 25
Kübel, Ernte 24
Kübel, geeignete Pflanzen 26
Kübel, Nährstoffe 24
Kulturschutznetz 17, 30

Ladyfinger 55
Lagerung, Kartoffeln 107
Lichtmenge 11
Lycopersicum esculentum 66 ff.

Mangold 80 ff.
Mangold 'Bright Light' 82
Mangold 'Lucullus' 82
Mangold 'Vulkan' 82
Markerbesen 43
Melothria scabra 52 f.
Mexikanische Minigurke 52 f.
Mischkultur 27 f.
Mizuna 94 f.

Nachtfrost 12
Nährstoffbedarf, Gemüse 19
Nährstoffe 18
Nährstoffe, Kübel 24
Naschtomaten 24 f.
Neuseeländer Spinat 83 ff.

Oca 114 f.
Okinawa-Spinat 86 f.
Okra 54 f.
Oxalis tuberosa 114 f.

Pak Choi 94 f., 97
Pak Choi, Rezept 96
Palmkohl 98 f.
Palmkohl, Sorten 98
Paprika-Sorten 59
Paprika 'Ferenc Tender' 59
Paprika 'Tschechischer Ziegenhorn' 59
Paprika 56 ff.
Paprika, Saatgut 57
Paprika, Vermehrung 57
Pflanzen für Kübel 26
Pflanzen kombinieren 27
Pflanzen, gesunde 30
Pflanzenerde 10
Pflanzenfamilien 29
Pflanzgefäße 10
Pflanzung 14
Pflege, Jungpflanzen 12
Phaseolus vulgaris 40
Physalis 62 ff.
Physalis alkekengi 62 ff.
Pikieren 11
Pikieren, Tomaten 67
Pisum sativum 43
Plantago coronopus 78 f.
Polymnia sonchifolia 122

Radicchio 88 f.
Radicchio, Sorten 88
Radicchio 'Catalogna di Chioggia' 88 f.
Radicchio 'Rosso di Treviso' 88 f.
Rezept, Tomatillo 65
Rezept, Aubergine 39
Rezept, Pak Choi 96
Ringelblumen 28
Robuste Gemüse 34, 65, 76, 78, 82, 87, 95, 113 f., 117

Saatgut 9
Saatgut, Baumspinat 76
Saatgut, Neuseeländer Spinat 84
Saatgut, Paprika 57
Saatgut, Tomaten 66
Salsa Verde 65
Salsola soda 90 f.
Salzkraut 90 f.
Sauerklee 114 f.
Schädlinge 27, 30
Schnecken 96 f.
Schneckenbekämpfung 31
Schneckenzaun 31
Sikkim-Gurke 45, 47, 49
Solanum melongena 36 ff.
Solanum tuberosum 106 ff.
Sonnenbrand 12
Sorten, Bohnen 42
Sorten, Chili 60
Sorten, Erbsen 43 f.
Sorten, Kartoffeln 110
Sorten, Mangold 82
Sorten, Palmkohl 98
Sorten, Paprika 59
Sorten, Radicchio 88
Sorten, Süßkartoffeln 120
Spargelerbsen 44
Spätfröste 8
Spinat, Neuseeländer 83 ff.
Spinat, Okinawa- 86 f.
Sprouting Brokkoli 100 f.
Stachys affinis 112 f.
Standort, guter 16
Stangenbohne 'Blauhülsige Speck' 42
Stangenbohne 'Butterbrodt' 42
Stangenbohnen 40 ff.

Stecklinge, Physalis 64
Süßkartoffel 'Beauregard' 119 f.
Süßkartoffel 116 ff.
Süßkartoffeln, Anzucht 121
Süßkartoffeln, Sorten 120

Tagetes 29
Terrasse 24 f.
Tetragonia expansa 83 ff.
Tomate 66 ff.
Tomaten-Sorten 70 ff.
Tomate 'Aztek' 71
Tomate 'Dattelwein' 71
Tomate 'Feuerwerk' 70
Tomate 'Green Sausage' 71
Tomate 'Green Zebra' 70
Tomate 'Oranges Ochsenherz' 70
Tomate 'Schwarze Krim' 70
Tomate 'Shadow Boxing' 68, 71
Tomate 'Yellow Submarine' 70
Tomate, Wild- 71
Tomaten ausgeizen 67
Tomaten pikieren 67
Tomatillo 62 ff.

Umpflanzen 11
Unkrautstecher 20

Vermehrung, Erdmandel 104
Vermehrung, Kartoffeln 111
Vermehrung, Paprika 57
Vermehrung, Yacon 123
Vlies 16 f.
Voranzucht 10, 15

Weiße Gurke 49
Wildtomate 71
Wohlfühlklima, Pflanzen 16

Yacon 122 f.
Yacon, Vermehrung 123

Zitronengurke 45, 48
Zuckererbsen 43

BILDNACHWEIS

176 Farbfotos wurden von Karen Meyer-Rebentisch, Lübeck für dieses Buch aufgenommen.

Weitere Farbfotos von shutterstock/joel santana S.55 u, /thepflueger S.63 li, /Martin Capek S. 69; Birgit Grimm S. 119 u

IMPRESSUM

Umschlaggestaltung von Claudia Eder – Konzept und Gestaltung – Pocking. Alle Fotos stammen von Karen Meyer-Rebentisch. Das Foto auf der hinteren Außenklappe wurde von Sibylle Ostermann, Waltrop aufgenommen.

Alle Angaben in diesem Buch sind sorgfältig geprüft und geben den neuesten Wissensstand bei der Veröffentlichung wieder. Da sich das Wissen aber laufend in rascher Folge weiterentwickelt und vergrößert, muss jeder Anwender prüfen, ob die Angaben nicht durch neuere Erkenntnisse überholt sind. Dazu muss er zum Beispiel Beipackzettel zu Dünge-, Pflanzenschutz- bzw. Pflanzenpflegemitteln lesen und genau befolgen sowie Gebrauchsanweisungen und Gesetze beachten. Die Blütenfarben sind sortenabhängig, daher können auch Farben auf dem Markt sein, die im Buch nicht genannt werden. Die Blütezeiten sind ebenfalls sortenabhängig, aber auch klima- und standortabhängig. Die angegebenen Wuchshöhen und -breiten der Pflanzen sind Mittelwerte. Sie können je nach Nährstoffgehalt des Bodens variieren. Verschiedene Sorten können deutlich größer oder auch kleiner wachsen als die Art.

FSC www.fsc.org
MIX
Papier aus verantwortungsvollen Quellen
FSC® C110508

Gedruckt auf chlorfrei gebleichtem Papier

ISBN 978-3-440-16816-5
Projektleitung: Birgit Grimm
Redaktion und Bildredaktion: Birgit Grimm
Gestaltungskonzept: GRAMISCI Editorialdesign, München
Gestaltung und Satz: Katrin Kleinschrot, Stuttgart
Produktion: Klaus Jost
Druck und Bindung: Westermann Druck Zwickau GmbH, Zwickau
Printed in Germany / Imprimé en Allemagne